Arthur Thömmes

DAS MUTMACH-BUCH für Referendare

Ein Wegbegleiter für mehr Gelassenheit im Schul- und Seminaralltag

Auer

Für die Referendare am Staatlichen Studienseminar für das Lehramt an berufsbildenden Schulen in Trier, die ich in ihrer Ausbildungszeit begleiten und deren Lust am Lehrerdasein ich fördern darf.

Gedruckt auf umweltbewusst gefertigtem, chlorfrei gebleichtem
und alterungsbeständigem Papier.

3. Auflage 2018
Nach den seit 2006 amtlich gültigen Regelungen der Rechtschreibung

Illustrationen: Ari Plikat, Bettina Weyland
Umschlagillustration: Bettina Weyland
Satz: Typographie & Computer, Krefeld
Druck und Bindung: Franz X. Stückle Druck und Verlag, Ettenheim
ISBN 978-3-403-06965-2

www.auer-verlag.de

Inhaltsverzeichnis

Vorwort

Liebe Kollegen[1],

um es vorweg zu sagen: Dies ist kein Fachbuch für Didaktik oder allgemeine Pädagogik. Sie finden keine Anregungen, wie Sie guten Unterricht halten. Es handelt sich auch nicht um ein therapeutisches Buch mit Überlebensstrategien. Es ist ganz einfach ein Lesebuch für Referendare. Die Texte, Karikaturen, Übungen, Arbeitsblätter und Erkenntnisse wollen zu einer gelassenen Haltung, zum Nachdenken und Schmunzeln anregen. Sie wollen motivieren und die Freude an der Ausbildung zum Lehrer wecken.

Für so manchen der 47 000 Lehramtsreferendare in Deutschland ist die Zeit der Ausbildung ein harter Eignungstest, für einige sogar ein Horrortrip und Martyrium, das gute Nerven und Ausdauer abverlangt. Die Urteile und Erfahrungen sind geteilt. Die Seminare seien „eine einzige sinnlose Schwafelei mit nervigen Gruppenspielchen, die mit dem Alltag an der Schule nichts zu tun haben" ist im Internet zu lesen. Und da ist von Ohnmacht und Auslieferung die Rede und von „der schlimmsten Zeit meines Lebens". Referendare sitzen zwischen allen Stühlen.

Als Lehrer erschreckt mich das und macht mich gleichzeitig nachdenklich. Dabei ist der Lehrerberuf interessant, abwechslungsreich und anspruchsvoll. Und gerade die Ausbildungszeit sollte Gelegenheit bieten, Lust auf diesen schönen Beruf zu machen. Denn: Wer im Leben einen Beruf hatte, der ihm Spaß gemacht hat, musste keinen Tag wirklich arbeiten.
Das Urteil über Lehrer ist vielfältig: Alt-Bundeskanzler Schröder nannte sie „faule Säcke", Alt-Bundespräsident Horst Köhler bezeichnete sie als „Helden des Alltags". So wurde schon in den Neunzigerjahren in den USA für den Lehrerberuf geworben mit dem Slogan „Be a hero, be a teacher!". „Lehrer haben morgens recht und nachmittags frei." In Finnland nennt man sie ehrfurchtsvoll „Kerzen des Volkes", denn Lehrer leuchten und wärmen.

Wir brauchen neben fachlich kompetenten Lehrern mit pädagogisch-didaktischem Geschick vor allem selbstbewusste Persönlichkeiten mit menschlicher Ausstrahlung. Die perfekte Lehrkraft gibt es jedoch nicht. Lehrersein ist ein langer Lernprozess. Das weist darauf hin, dass wir nicht nur lehrende, sondern vor allem auch lernende Lehrer brauchen.

Gerade in der Lehrerausbildung werden viele Grundlagen für Kompetenz und Zufriedenheit im späteren Beruf gelegt. Der ganzheitliche Ansatz, der in der Einleitung vorgestellt wird und dem Buch die Struktur gibt, bietet einen guten Ansatz für eine tragfähige Lehrerausbildung.

Ich wünsche allen Lesern eine anregende und inspirierende Lektüre.

Arthur Thömmes

1 Aufgrund der besseren Lesbarkeit ist in diesem Buch mit Kollege auch immer Kollegin gemeint, ebenso verhält es sich mit Referendar und Referendarin etc.

Einleitung: Ein Modell einer ganzheitlichen Lehrerausbildung

– angelehnt an die Themenzentrierte Interaktion (TZI) von Ruth Cohn –

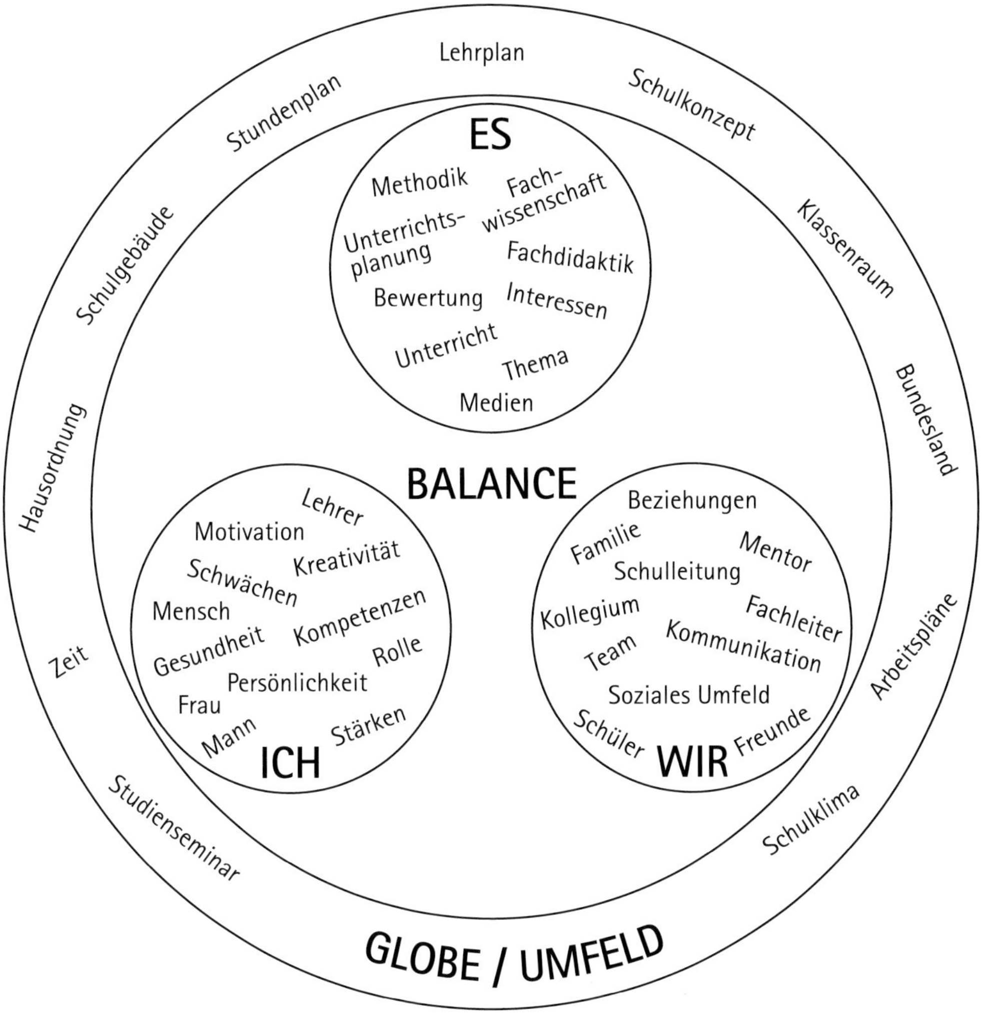

Die Konzeption dieses Mutmach-Buchs für Referendare orientiert sich an einem Modell einer ganzheitlichen Ausbildung, das sich an die Grundidee der Themenzentrierten Interaktion (TZI) anlehnt.
Die TZI wurde ursprünglich von der Psychoanalytikerin Ruth C. Cohn entwickelt, um das Lernen und Arbeiten in Gruppen und im alltäglichen Leben zu fördern. Es ist aber auch möglich, das Modell auf die Lehrerausbildung zu übertragen. TZI beruht auf der Annahme, dass die drei Pole des Dreiecks (Ich, Wir, Es) in ständiger Beziehung zueinander stehen und voneinander abhängig sind. Das Ganze ist eingebettet in ein Umfeld (Globe), das die einzelnen Faktoren zusätzlich beeinflusst. Wenn die drei Faktoren im Gleichgewicht sind, bedeutet das die beste Form des Miteinanders. Dieser ausgewogene Zustand ist natürlich immer nur vorübergehend vorhanden. Alles ist ständig in Bewegung. Das Ziel ist eine dynamische Balance.
Auf die Lehrerausbildung bezogen gilt es, eine Balance und damit eine gesunde Berufs- und Lebensgestaltung zu erreichen. Die Grundidee ist ein ganzheitliches Lernen, Leben und Arbeiten in den unterschiedlichen Lebens- und Berufsfeldern.

Die Faktoren beinhalten unterschiedliche Schwerpunkte:

ICH:
Mensch, Mann, Frau, Persönlichkeit, Schwächen, Stärken, Kompetenzen, Motivation, Rolle, Lehrertyp, ...

WIR:
Beziehungen, soziales Umfeld, Familie, Freunde, Kollegium, Mentor, Fachleiter, Schüler, Eltern, Schulleiter, Kommunikation, Nähe und Distanz, Beratung und Bewertung, ...

ES:
Fach, guter Unterricht, Fachseminar, Didaktik, Lehrprobe, Hospitation, Methoden, Staatsprüfung, Interessen, Themen, Medien, ...

UMFELD:
Welche Rahmenbedingungen beeinflussen die Ausbildung und tragen zum Gelingen bei oder behindern sie? (Ort, Zeit, Umfeld, Kontext, Studienseminar, Schulklima, Ausbildungsordnung, Lehrplan, Schulform, ...)

BALANCE:
Für alle an der Lehrerausbildung beteiligten Personen ist es wichtig, immer wieder darauf zu achten, dass ein Gleichgewicht erhalten bleibt. Es geht letztlich um Lehrergesundheit. (Stichwörter: Entspannung, Burn-out, Stress, Stimmbildung, Selbstbewusstsein, kollegiale Fallberatung, Supervision, Macht und Ohnmacht, Portfolio, Mutmacher, ...)

ICH

Geschafft – ab jetzt dürfen Referendare Titel tragen

In einer gemeinsamen Dienstbesprechung des Personalrats mit der Seminarleitung haben wir an unserer Schule einen großen Durchbruch erzielt. Endlich dürfen die Referendare Dienstbezeichnungen tragen, die ihre Dienstdauer wiedergeben. Herr Müller folgte dankenswerterweise dem Antrag des Personalrats, die Titel wie folgt festzulegen:

1. Ausbildungshalbjahr: *Jungreferendar*
2. Ausbildungshalbjahr: *Referendar*
3. Ausbildungshalbjahr: *Oberreferendar*
4. Ausbildungshalbjahr: *Hauptreferendar*

Referendare, die im Personalrat oder als Helfer der Seminarbibliothek tätig sind, tragen ab dem vierten Monat dieser Tätigkeit die Dienstbezeichnung *Stabsreferendar.*

Besonderen Wert legte Herr Larisch auf die Feststellung, dass diese Neuordnung keine Weisungsbefugnis beinhalte (wir sind ja auch nicht beim Militär, Anm. des Autors). Der Vorteil dieser Neuordnung liegt natürlich auf der Hand – Fachleiter, Seminarvertreter, ADD und Ministerium, alle wissen gleich auf unkomplizierte Art, in welchem Ausbildungsabschnitt der Referendar ist und welchen Leistungsstand man erwarten kann. Gültig ist die neue Dienstordnung ab dem 1. April 2013.

Schwierige Referendare

Der Streber

Der Faulenzer

Der Chaot

Der Besserwisser

Der Angsthase

Der Theoretiker

Weitere Typen:

Der Formalist
Der Unbelehrbare
Der Denunziant
Der Schleimer
Der Schülerhasser
Der Blaumacher
Der Unpünktliche

Unter Beobachtung

Die schwierigste Erfahrung in meiner Lehrerausbildung ist, dass ich ständig unter Beobachtung stehe. Das bin ich nicht gewohnt. In der Uni war ich eine Nummer und konnte immer wieder unauffällig untertauchen. Doch jetzt stehe ich vor einer Klasse und 50 Augen sind auf mich gerichtet und genauso viele Ohren hören mir zu – manchmal. Ich hatte viele schlaflose und sehr unruhige Nächte hinter mir, bevor ich das erste Mal einen Klassenraum betrat und mich vor die Kinder stellte. Die Stunde lief ab wie ein Film, in dem ich zwar eine Hauptrolle spielte, aber irgendwie nicht richtig dabei war.
Mittlerweile habe ich einige Stunden hinter mir und ich fühle mich immer noch unsicher. Ich beobachte mich sehr genau und nehme jede Reaktion der Schüler wahr. Wie denken sie über mich? Nehmen sie mich ernst? Was erzählen sie nach der Stunde über mich? Wie beschreiben sie mich ihren Eltern? Was berichten sie ihren Lieblingslehrern über mich? Steht vielleicht schon ein Vermerk in meiner Personalakte?
Meine größte Angst besteht darin, dass sie mich fotografieren oder filmen und das Ergebnis untereinander austauschen oder ins Internet stellen. Vielleicht sollte ich mich aber auch einfach nicht so wichtig nehmen!

Hilfe, ich bin ein Vorbild!

Frisch von der Uni kommend, sitze ich nun in einem Studienseminar und in einer Schule. Plötzlich richtet sich alle Aufmerksamkeit auf mich. Keine anonymen Vorlesungen mehr oder Massenklausuren. Nicht mehr nur eine Matrikelnummer, sondern eine Lehrerin in Ausbildung, die einen Namen hat. Der Schulleiter kennt mich. Die Kollegen sprechen mich mit Namen an. Und im Seminar kennt sowieso jeder jeden.
Und dann kommen noch meine Schüler dazu. Etwa hundert Namen und Gesichter, die ich mir merken muss. Sie kennen mich alle von der ersten Unterrichtsstunde an. Sie grüßen mich, wenn ich ihnen auf der Straße begegne. „Schau mal, Mama. Da ist die Frau X, meine neue Lehrerin", höre ich sie rufen. Also kennen mich nach ein paar Wochen die Mamas, die Papas, die Großeltern und die Geschwister und Nachbarn. Plötzlich bin ich wer.
Das hat mir vorher niemand gesagt. Und alle schauen auf mich und behalten mich im Blick. Wollen sie mich beobachten oder erwarten sie etwas von mir?
Ich habe den Fehler gemacht, eine Wohnung am Schulstandort zu mieten. Ich stehe unter Beobachtung. Die Nachbarn registrieren, wann ich nach Hause komme, welchen Besuch ich empfange und wie lange abends das Licht brennt. Natürlich wohnen auch einige Schüler in der Nachbarschaft. Ein älterer Kollege gab mir den Rat, nie in dem Ort zu wohnen, in dem man unterrichtet. Das sei für ihn in seinem langen Berufsleben eine Selbstverständlichkeit gewesen.
Ich mag meine Schüler und bin gerne Lehrerin. Doch der Druck von außen ist enorm hoch. Ich muss ständig überdenken, was ich tue und sage. Ich muss ein Vorbild sein. Aber das will ich nicht immer und schon gar nicht unter der Kontrolle von Schülern, Eltern und Kollegen. Nächste Woche ziehe ich um in die nahe Großstadt.

Referendarin an einem Gymnasium

Lehrersein ist geil!

Juhu, ich habe es geschafft: Ich bin Lehrer! Ein großer Traum ist Wirklichkeit geworden. Ein Leben lang habe ich darauf hingearbeitet. Und jetzt stehe ich als Lehrer in einer Schulklasse. Die Schüler sitzen vor mir. Ich habe mich auf ein Thema vorbereitet und gemeinsam erarbeiten wir die Inhalte. Das ist genial!
Ich habe gerade mein Referendariat abgeschlossen und wurde von meiner Ausbildungsschule übernommen. Es ist eine neue Freiheit, die mir geschenkt wurde. Die Ausbildungszeit hat sich gelohnt. Es war zum Teil mühsam und zeitraubend, aber nun stehe ich hier vor meiner Klasse und bin zufrieden und dankbar. Meine Empfehlung an alle Lehramtsanwärter: Arbeitet konzentriert und zielsicher und stellt euch immer wieder die Frage, ob ihr wirklich Lehrer werden wollt. Es ist ein besonderer Beruf, der unbedingt eine Berufung voraussetzt.

Junglehrer an einer Realschule

Mein Ausbildungsbaum

Beschriften und bemalen Sie Ihren Baum:
Was trägt mich? Wie heißen meine Wurzeln? Welche Namen haben die Früchte meines Baumes? Wie heißen die faulen Früchte?

Bevor Sie sich für ein Lehramtsstudium entscheiden

Beantworten Sie bitte folgende Fragen:

- Kann ich mit Menschen unterschiedlicher sozialer und kultureller Herkunft, unterschiedlicher Begabung und Leistungsfähigkeit umgehen?
- Bin ich bereit, für die Schüler, die ich ausbilde und erziehe, Verantwortung zu tragen?
- Kann ich Zusammenhänge so darstellen, dass andere sie leicht verstehen können?
- Verfüge ich über Geduld und Nervenstärke und bin ich psychisch und physisch belastbar?
- Bin ich team-, kooperations- und konzentrationsfähig?
- Bin ich bereit, mich ständig weiterzubilden?

Wie wird man Lieblingslehrer?

Ich möchte von meinen Schülern respektiert werden. Noch besser wäre es, wenn sie mich zu ihrem Lieblingslehrer küren würden. Doch wie werde ich der Lieblingslehrer meiner Schüler? Ein Blick zurück in meine Schulzeit kann vielleicht weiterhelfen. In der Grundschule war ich verliebt in Frau Besserlich. Sie war immer sehr nett und freundlich zu uns. Und wir konnten ihr alles erzählen. Im Gymnasium wurde es dann schwieriger. Wenn ich es genau überlege, habe ich mehr Lehrer gehasst als geliebt. Je älter ich wurde, umso wichtiger wurden für mich die menschlichen und die pädagogischen Qualitäten der Lehrkörper.
Nicht der Lehrer, der die Noten verschenkte und bei dem wir alles machen durften, war automatisch der Lieblingslehrer. Es hatte viel mit Respekt und vor allem mit Menschlichkeit zu tun. Es gab beispielsweise auch schleimige Lehrer, die sich anbiederten. Aber wie bereits gesagt, solche Typen hatten wir als Schüler schnell enttarnt.
Menschliche Qualitäten waren zum Beispiel Fairness in der Notengebung. Das ist ein wichtiges Thema bei Schülern. Ein guter Lehrer begründet seine Bewertungskriterien und legt sie offen. Dann werden die Noten auch von den meisten Schülern akzeptiert.
Ein beliebter Lehrer interessiert sich nicht nur für sein Fach und den Unterricht. Er interessiert sich auch für die Schüler und wie es ihnen geht. Wir hatten einen Lehrer, der zu Beginn jeder Stunde ernsthaft nach der Befindlichkeit fragte. Und er erkannte sofort, wenn jemand Probleme hatte. Dann suchte er das Gespräch, drängte sich aber nicht auf.
Ein Lehrer ist auch dann beliebt, wenn er Spaß versteht und selbst Humor hat. Das heißt nicht, dass er billige und dumme Witze auf Kosten anderer macht. Er ist halt gut drauf. Und er darf natürlich auch zeigen, wenn es ihm nicht so gut geht.
Es gibt kein Rezept, wie Sie der Lieblingslehrer Ihrer Schüler werden können. Aber ein Tipp ist für mich ganz entscheidend: Bleiben Sie menschlich und freundlich und behandeln Sie Ihre Schüler mit Respekt!

Der Beruf des Lehrers gehört zu den schönsten Berufen der Welt!

Kinder und Jugendliche mit dem Wissen der Vorfahren vertraut zu machen, sie zu ermutigen, dieses Wissen auch kreativ zu nutzen, sich selbst mit seinen Grenzen und Möglichkeiten annehmen zu lernen, Berater und Vertrauter der Schüler sein zu dürfen, eine Autorität zu sein, zu der sie aufblicken und an der sie sich reiben dürfen, ist ein wunderbares Geschenk.

Der Lehrer als Vorbild ist, so gesehen, geläuterte, personifizierte Erfahrung, menschgewordene Ethik.

Es ist die nach vielen Stadien der Selbstüberwindung erworbene Freiheit, die im Denken und Handeln des Lehrers als Menschen sichtbar wird.

Jugendliche suchen in ihren Lehrern Menschen, die sie führen, die ihnen Grenzen setzen, sie aber auch ermutigen, an sie zu glauben.

Wer solcherart von den Jugendlichen wahrgenommen wird, erlebt täglich, wie schnell sie ihre Dankbarkeit verströmen.

Bildung ist so auch als Charakterbildung und Herzensbildung aufgefasst.

Es gilt, den Beruf des Lehrers auf ein neues Fundament zu stellen, auf dem sich der Lehrer nicht nur als Unterrichtender, sondern auch als Menschenbildner und Erzieher versteht.

Wir brauchen Lehrer, die sich als Menschenführer im Reich der Erkenntnis begreifen und eben keine Schulmeister sein wollen.

Was wir stattdessen nicht selten wahrnehmen:
Die Ferne zwischen Lehrern und Schülern, ihr gegenseitiges Unverständnis bis hin zur Feindseligkeit, die Angst und das Ringen um Anerkennung auf beiden Seiten. Die Unfähigkeit zum klärenden Gespräch.

Der Lehrer wird als Funktionär erlebt, der mit dem Instrument der Notenvergabe Lebenschancen verteilt.

Was Jugendlichen heute fehlt, ist auch der Mangel an gestalteter Gemeinschaft. Haben Sie den Mut, Lernen durch Erfahrung anzuregen.

Schüler qualifizieren heißt für uns, sie in ihrer Persönlichkeit zu stärken, dass sie das Vertrauen in sich selbst und die Welt gewinnen. Nur, wer an sich und seine Fähigkeiten glaubt, wer sich anerkannt und gebraucht weiß, wird die Stärke besitzen, im Wettbewerb der knappen Arbeitsplätze zu bestehen.

Der Glaube an sich und den eigenen Erfolg motiviert, sich zu bilden und etwas leisten zu wollen.

Lehrer interessieren sich für ihre Schüler und unterrichten Schüler und nicht Fächer. Das ist kein Rezept, sondern eine Haltung. Lernen gelingt besser, wenn es von vertrauten Beziehungen getragen wird.

Kleines Abc der Lehrertypologie

Der Aggressive
Der Alternative
Der Angsthase
Der Ausgebrannte
Der Autoritäre
Der Berater
Der Chaot
Der Devote
Der Didaktiker
Der Diktator
Der Dozent
Der Drache
Der Dynamische
Der Einfallslose
Der Engagierte
Der Erzähler
Der Fachanbeter
Der Faule
Der Freund
Der Fürsorgliche
Der Gebildete
Der Geizige

Der Gesetzestreue
Der Gesprächspartner
Der Gleichgültige
Der große Pädagoge
Der Halbtagsbeschäftigte
Der Helfer
Der Jämmerliche
Der Junge
Der Kaputte
Der Karitative
Der Korrekte
Der Kränkelnde
Der Kumpel
Der Langweiler
Der Lässige
Der Lerncoach
Der Lernpartner
Der Methodiker
Das Model
Der Nörgler
Der Normale
Der Ökofreak

Der Opportunist
Der Penetrante
Der Penible
Der Prüfer
Der Sadist
Der Schleimer
Der Schülerfreund
Der Selbstlose
Der Spießer
Der Superlehrer
Der Überfürsorgliche
Der Überhebliche
Der Überlastete
Der Unflexible
Der Unterstützer
Der Verfolger
Der Verpeilte
Das Weichei
Der Zeitmanipulator
Der Zornige
Der Zurückgebliebene
Der Zyniker

Welcher Lehrertyp möchten Sie sein?
Sie haben im Laufe der Ausbildung viel Zeit zum Ausprobieren.

Der Hochseilakt

Eine Methodensklizze

Ziel

Die folgende Übung eignet sich gut zur Reflexion der beruflichen Selbstvergewisserung. Dabei wird die eigene pädagogische Arbeit, die Motivation, aber auch das Verhältnis zu Kollegen und Schülern in den Blick genommen.

Begründung

Wir sind ständig gezwungen, in einem Prozess der Selbstregulation unsere innere und äußere Wirklichkeit in Beziehung zueinander zu setzen und diese Beziehung zu verarbeiten. Diesen inneren Dialog führen wir meist unbewusst mit uns selbst.
Der Prozess der Selbstvergewisserung soll durch die Methode „Hochseilakt" strukturiert werden. Dazu dienen Fragen, die das Bild des Seillaufs aufgreifen. Von den Fragen angeregt, interpretiere ich vergangenes und aktuelles berufliches Erleben aufs Neue und anders als bisher. Ich mache mir klar, an welcher Station meines beruflichen Werdegangs ich angelangt bin. Es geht darum, die Ausgangslage des zukünftigen Handelns abzuklären und neu einzuschätzen.

Zeit

Die Teilnehmer benötigen 10 bis 20 Minuten für die schriftliche Meditation. Die Auswertungszeit hängt von der Anzahl der Teilnehmer ab.

Hochseilakt ohne Netz

Bundesweit wurde der Tigerpalast durch eine spektakuläre Aktion bekannt: Am 12. Juni 1994 inszenierten Dillinger und Klinke einen historischen Hochseillauf als Höhepunkt der Frankfurter 1200-Jahr-Feier. Damals überquerte der Franzose Philippe Petit auf einem in 80 Meter Höhe gespannten Seil diese Distanz zwischen dem Turm der Paulskirche und dem Turm des Kaiserdoms. 500 000 faszinierte Gäste vor Ort und fünf Millionen Fernsehzuschauer verfolgten das Ereignis. Drei Jahre Vorbereitungszeit investierten die Organisatoren darin.

Anleitung

Der Moderator skizziert den Hochseillauf von Philippe Petit am 12. Juni 1994. Er bittet die Teilnehmer, ebenfalls das gespannte Seil und die gesamte Szene aufzuzeichnen. Er schlägt vor, dass sich die Teilnehmer einzeln ca. 15 Minuten Zeit nehmen, um die folgenden Fragen zu reflektieren:

- *Wie bin ich auf dieses hohe Seil hinaufgekommen?*
- *Woraus besteht das Fundament und woraus besteht das Seil?*
- *Wo ist das andere Ende des Seils festgemacht? Was ist das Ziel des Hochseillaufs?*
- *Mit welchen Seitenverstrebungen ist das Seil gegen Windstöße abgesichert?*
- *Welche Situationen habe ich bei meinem Gang auf dem Seil bislang schon erlebt?*
- *Wo befinde ich mich zurzeit? Welche weiteren Stationen habe ich vorgesehen?*
- *Wie möchte ich meine Auftritte gestalten?*
- *Woraus besteht meine Balancierstange?*

- *Worin besteht mein Training? Welche Kleidung trage ich?*
- *Welche Störungen könnten mich gefährden?*
- *Wie nimmt mich wohl ein Vogel wahr, der mich von oben beobachtet?*
- *Wie nehmen mich die Zuschauer wahr?*

Auswertung

Die Teilnehmer treten einzeln an das Seil und berichten von ihrer Selbsterfahrung.

Abschluss

Blitzlicht: Wie habe ich mich selbst und die anderen erlebt? Was war mein wichtigstes Aha-Erlebnis?

Kleines Vorurteils-Lexikon

Die falsche Einstellung

- Ich will von allen gemocht werden, denn nur dann kann ich mit mir zufrieden sein.
- Alles ist vorbestimmt, ich kann meine Situation nicht selbst ändern und muss mich damit abfinden.
- Es könnte etwas Schlimmes geschehen. Daher ist es am besten, ich stelle mich schon einmal darauf ein.
- Ich werde nur geliebt, wenn ich etwas leiste.
- Alles, was ich mache, muss perfekt sein. Es reicht nicht, etwas nur gut zu machen.
- Auf andere kann man sich nicht verlassen. Deshalb muss ich mich um alles selbst kümmern.
- Ich versuche, den Weg des geringsten Widerstands zu nehmen und allen Schwierigkeiten aus dem Weg zu gehen.
- Ich lasse mich vom Fehlverhalten anderer Menschen aus dem Konzept bringen.
- Alles muss so verlaufen, wie ich es mir vorgestellt habe. Jeder Kompromiss wäre eine Katastrophe.
- In meinem Leben muss alles planbar und vorhersehbar sein.

Welche Eigenschaften muss ein Lehrer mitbringen?

In meiner Tätigkeit als Pädagoge habe ich immer wieder die Erfahrung gemacht, dass folgende Eigenschaften für einen Lehrer hilfreich und unverzichtbar sind:

- Er darf keine Angst vor seinen Schülern haben.
- Er muss gerne mit Kindern und Jugendlichen arbeiten.
- Er muss selbstbewusst auftreten.
- Er soll Verständnis zeigen und konsequent sein.
- Er sollte die Schüler unterstützen.
- Er muss sich Herausforderungen stellen, aufgeschlossen für Neues sein und es ausprobieren.
- Er sollte fördern, aber auch fordern.

Frauen im Lehrberuf

Noch vor hundert Jahren galt die Frau als der Berufsausbildung körperlich, geistig und nervlich nicht gewachsen:

> Mädchen, die mit 20 Jahren in blühender Schönheit in das Amt treten, sehen schon nach einer Arbeit von sechs bis acht Jahren wie ganz verblühte alte Jungfern aus. Im Alter von 30 bis 35 Jahren, wenn der Jüngling im Lehrberuf sich erst der durch ernste Studien und Vorarbeiten erlangten Kraft recht zu freuen beginnt, sind die Lehrerinnen oft bereits ganz gebrochen, nervös, leidend, beständig kränklich und erfüllen ihre Pflichten ohne Freudigkeit unter inneren Qualen. Mit 40 Jahren haben fast alle ohne Unterschied mit beständigem Siechtum zu kämpfen, sodass ihr Leben von dieser Zeit an als ein im Grunde trauriges bezeichnet werden muss. (1898)

Nur dem Manne gebührte eine Stellung in der Öffentlichkeit:

> ... da nur der Mann das Weib erziehen kann. Er weiß es besser als sie selbst, welche Eigenschaften ihm an ihr am besten gefallen, am wünschenswertesten sind, welche die notwendigen Ergänzungen seiner eigenen Natur bilden. (1896)

Der männliche Lehrer galt als geeigneter für die Erziehung von Mädchen:

> ... der Mann ist der Erhalter und Fortsetzer der Kultur. Alle Gebiete des öffentlichen Lebens, die dem Kulturfortschritte dienen, sind sein Tätigkeitsbereich: Mithin gehört ihm auch die Schule. (1916)

Aus dem Schulmuseum in Friedrichshafen am Bodensee

Lehrer-T-Shirts

Lehrer sind es gewohnt, täglich viele Stunden die Botschaften ihrer Schüler auf den T-Shirts anzuschauen bzw. „zu ertragen". Mitunter sind die textilen Bekenntnisse peinlich, provokativ oder einfach dumm. Sie lauten etwa: „Nüchtern schüchtern – besoffen offen", „Wer nichts weiß, muss alles glauben", „Die Intelligenz lief ihm nach, doch er war schneller" oder „Als Gott mich schuf, wollte er angeben". Es soll Schulen geben, die auf Konferenzen ein T-Shirt-Spruchverbot diskutieren.
Doch ehrlich: Sind die Sprüche nicht auch ein Stück Selbstbekenntnis oder ein anregender Kommunikationsaufruf?
Wie wäre es, wenn Sie es einmal selbst ausprobieren und Ihren Schülern, Kollegen und der Schul- und Seminarleitung mitteilen, wie Sie drauf sind?

Vorschläge:
Lehrer sein ist cool!
Ich liebe meinen Beruf!
Ich lerne selbst noch!
Ich bin auch nur Azubi!
Überprüfen Sie mich!

Typische Lehrersprüche

- Ich bin eine hoch qualifizierte Fachkraft! Und was tue ich? Ich stehe vor einer Masse gleichgültiger Hohlköpfe!
- Das haben wir doch letzte Stunde schon ausführlich besprochen!
- Herr Sportlehrer, ich hab meine Sportsachen vergessen. – Jaja, zieh dich erst mal um, dann reden wir weiter!
- Ihr seid die schlechteste Klasse / der schlechteste Kurs, die / den ich je hatte – und ich hatte schon viele schlechte Klassen / Kurse!
- (Jemand fragt den Lehrer etwas.) Ich stelle die Frage zurück an die Klasse.
- Du bist eine Null! Willst du für den Rest deines Lebens eine Null bleiben?
- Mit euch werden wir den Dritten Weltkrieg auch noch verlieren!
- In diesem Chaos kann ich nicht unterrichten!
- In eure Klasse komme ich nicht gerne.
- Ich wiederhole mich nicht! Ich wiederhole mich nicht!
- Ich hab es nicht nötig, mit euch zu diskutieren!
- Dann werde ich mich wohl mal mit eurem Klassenlehrer unterhalten müssen.
- Ich hab mein Abitur!
- Reden einstellen!
- (Jemand fragt etwas.) Das werden wir nächstes Jahr besprechen!
- Nee, nee, früher hätt's das nicht gegeben!
- Ihr lernt nicht für mich, sondern für euch!
- Könnt ihr mal das Volksgemurmel einstellen?
- Ich bin nicht hier, um euch etwas beizubringen! Das müsst ihr einfach können!
- Wenn ich spreche, habt ihr Sendepause.
- Armes Deutschland!
- Schade, dass die Prügelstrafe abgeschafft wurde!
- Guten Morgen, gibt es Fragen?
- Mein Job ist krisensicher. Ich kann jeden Tag dasselbe erzählen und keiner würde es merken!
- Wenn du ein paar Jahre älter wärst, würde ich dich sofort heiraten!
- Setzen! Sechs!
- Ich bin doch kein Plattenspieler / Radio / Rekorder etc. (je nachdem, wozu man gerade Lust hat)!
- Das ist eine Sechs, mach dir das klar!
- Seid doch mal still, wenn ihr mit mir redet!
- Mir ist es eigentlich egal, was für Noten ihr kriegt, ich bekomm am Ende vom Monat immer gleich viel Geld.
- Wenn ihr nicht sofort still seid, werde ich den Raum verlassen und so lange draußen stehen bleiben, bis ihr wieder ruhig seid.
- Ihr habt ein Recht auf meine Meinung!
- Mathematik ist die Kunst, sich das Leben leicht zu machen!
- Unauffällig folgen, ich bin der Letzte!
- Was gibt es denn da zu lachen? Ich will auch mitlachen!
- Hey, ich war auch mal jung und ich versteh euch, die Pubertät ist eine schwere Zeit ... (peinliche Stille in der Klasse).
- Ich bin maßlos enttäuscht von euch.
- Was ich nicht weiß, macht mich nicht heiß!
- Wir lernen doch fürs Leben!

Lust auf Schule

- Mache Gelassenheit zum Grundprinzip deines Lehrerdaseins! Sieh die Dinge locker statt verbissen, nimm nichts dramatischer, als es ist!
- Nimm die Erziehung deiner Schüler zu Mündigkeit, Eigenverantwortung und Selbstständigkeit ernst! Kontrolle und Aufsicht können auch übertrieben werden.
- Gib deinen Schülern Freiräume, schaffe dir selbst im Gegenzug ebenfalls Freiräume – auch und gerade während des Unterrichts!
- Lasse deine Schüler Kinder sein – auch wenn's mal etwas lauter wird!
- Gib dir und deinen Schülern Zeit zum Lachen, Spielen, Spaß machen, miteinander Reden! Schule und Schulalltag werden auf diese Weise viel mehr als nur Unterricht.
- Sieh deine Schüler als Partner auf einem gemeinsamen Weg! Betrachte sie nicht als deine Gegner, auch wenn sie es dir oft nicht leicht machen!
- Denk daran, dass auch der nervigste Schüler einmalig und einzigartig ist, und begegne ihm entsprechend!
- Begegne deinen Schülern mit Zuneigung, Achtung, Wertschätzung und Menschlichkeit statt mit Strafkatalogen und Disziplinierungsmaßnahmen!
- Stelle nicht die Noten in den Mittelpunkt deiner schulischen Arbeit, sondern die Erziehung zu einem menschlichen Umgang miteinander!
- Gestehe Fehler ein und zeige so deinen Schülern, dass auch Lehrer Menschen sind!
- Pflege im Lehrerzimmer Entspannung und Gemütlichkeit!
- Sprich im Lehrerzimmer nicht nur über Schule und die damit verbundenen Probleme!
- Mache dich nicht zum Lehrplansklaven! Kein Lehrer auf dieser Welt kann fundiert alle Lehrplanziele erreichen. Arbeite nach deinem eigenen Lehrplan und habe „Mut zur Lücke"!
- Mache dich nicht zum Knecht der Unterrichtszeit! Es liegt bei dir, was wann wie lange gemacht wird.
- Gehe selbstbewusst deinen eigenen Weg in der Schule – du bist der Fachmann!
- Zeige Rückgrat statt Rückgratverkrümmung – auch und besonders gegenüber Eltern und Vorgesetzten!
- Sei so sensibel wie möglich, aber auch so dickhäutig wie nötig!
- Sei dir bewusst, dass mit Humor alles besser geht, und gib dir selbst die Chance, entsprechend zu handeln!
- Lege deinen Ärger nach dem Unterricht ab wie einen Mantel, hänge ihn sozusagen an den Schulnagel! Er hat bei dir zu Hause, in deiner Familie, nichts verloren!
- Genieße deine Freizeit und schalte von der Schule ab! Das hast du dir verdient – und brauchst du dringend!

Quelle unbekannt

Erinnerungen an die eigene Schulzeit

In meinem vierten Jahre wurde ich in eine Klippschule gebracht. Eine alte Jungfer, Susanna mit Namen, hoch und männerhaft von Wuchs, mit freundlichen blauen Augen, die wie Lichter aus einem grau-blassen Gesicht hervorschimmerten, stand ihr vor. Wir Kinder wurden in dem geräumigen Saal, der zur Schulstube diente und ziemlich finster war, an den Wänden herumgepflanzt, die Knaben auf der einen, die Mädchen auf der andern; Susannas Tisch, mit Schulbüchern beladen, stand in der Mitte, und sie selbst saß, ihre weiße tönerne Pfeife im Munde und eine Tasse Tee vor sich, in einem Respekt einflößenden urväterlichen Lehnstuhl dahinter. Vor ihr lag ein langes Lineal, das aber nicht zum Linienziehen, sondern zu unserer Abstrafung benutzt wurde, eine Tüte voll Rosinen, zur Belohnung außerordentlicher Tugenden bestimmt, lag daneben. Die Klapse fielen jedoch regelmäßiger als die Rosinen.
Susanna verteilte ihre Geschenke übrigens sehr parteiisch. Die Kinder wohlhabender Eltern erhielten das Beste; die ärmeren mussten mit dem zufrieden sein, was übrig blieb. Der Grund war, weil Susanna auf Gegengeschenke rechnete, auch wohl rechnen musste, und von Leuten, die nur mit Mühe das Schulgeld aufzubringen wussten, keine erwarten durfte.

Friedrich Hebbel

Lehrer Lehmann machte keine Späße und verstand keinen Spaß. Ihn übermannte der Zorn angesichts fauler Schüler, frecher Schüler, dummer Schüler, stummer Schüler, feiger Schüler, bockiger Schüler, wispernder Schüler, heulender Schüler und verzweifelter Schüler. Lehrer Lehmanns Zorn hatte die Wahl. Er schlug nicht, weil er unseren Schmerz genießen wollte. Er schlug aus Verzweiflung. Er verstand nicht, dass wir nicht verstanden, was er verstand. Er begriff nicht, dass wir ihn nicht begriffen. Der tüchtige, fleißige und gescheite Mann war kein guter, sondern er war überhaupt kein Lehrer. Denn ihm fehlte die wichtigste Tugend des Erziehers, die wahre Geduld, die sich aus Verständnis, Humor und Beharrlichkeit zusammensetzt. Er war kein Lehrer, sondern ein Dompteur.

Erich Kästner

Ich konnte noch nicht lesen und schreiben, und schon wollte ich Lehrer werden. Nichts anderes. Und trotzdem war es ein Missverständnis. Ja, es war der größte Irrtum meines Lebens. Und er klärte sich erst auf, als es fast zu spät war. Als ich, mit siebzehn Jahren, vor einer Schulklasse stand und, da die älteren Seminaristen im Felde standen, Unterricht erteilen musste. Die Professoren, die als pädagogische Beobachter dabeisaßen, merkten nichts von meinem Irrtum und nichts davon, dass ich selber, in dieser Stunde, ihn endlich begriff und dass mir fast das Herz stehen blieb. Doch die Kinder in den Bänken, die spürten es wie ich. Sie blickten mich verwundert an. Sie antworteten brav. Sie hoben die Hand. Sie standen auf. Sie setzten sich. Es ging wie am Schnürchen. Die Professoren nickten wohlwollend. Und trotzdem war alles grundverkehrt. Und die Kinder wussten es. „Der Jüngling auf dem Katheder", dachten sie, „das ist kein Lehrer und er wird nie ein richtiger Lehrer werden." Und sie hatten recht.
Ich war kein Lehrer, sondern ein Lerner. Ich wollte nicht lehren, sondern lernen. Ich hatte Lehrer werden wollen, um möglichst lange ein Schüler bleiben zu können. Ich wollte Neues, immer wieder Neues aufnehmen und um keinen Preis Altes, immer wieder Altes weitergeben.

Erich Kästner

Außergewöhnliche Lehrer

Es gibt Lehrer und es gibt außergewöhnliche Lehrer. Sie glänzen besonders durch ihre Individualität. Sie haben etwas ganz Besonderes an sich. Als Mensch, als Fachmann oder als Pädagoge. Gemeint sind dabei nicht die chaotischen Typen, sondern die originellen. Sie fallen auf und bleiben wegen ihrer Einmaligkeit im Gedächtnis haften. Es sind schillernde Lehrerpersönlichkeiten, die einen besonderen Zugang zu den Schülern haben. Manchmal hat deren Reden und Handeln Einfluss auf die anvertrauten jungen Menschen. Sicher fällt Ihnen ein Beispiel aus Ihrer Schulzeit ein. Inwieweit hat diese Lehrperson Sie in Ihrer Entscheidung beeinflusst, selbst Lehrer zu werden?
Und wenn Sie selbst auf Ihre eigene Lehrerpersönlichkeit blicken: Was ist das Außergewöhnliche und Besondere an Ihnen?
Nur keine falsche Bescheidenheit. Haben Sie Mut, daran zu arbeiten. Es wird Ihre Berufszufriedenheit maßgeblich beeinflussen.

Modesünden

Auch als Junglehrer sollten Sie auf Ihr Äußeres und speziell auf Ihre Kleidung achten. Schüler haben Sie immer im Blick und sind unbarmherzig in ihrer (internen) Kritik. Daher hier einige Tipps zu Modesünden, die Lehrer vermeiden sollten:

- Lady Gaga als Schminkvorbild nehmen
- Sich von Bill Cosbys Pullovern inspirieren lassen
- Sich so anziehen, als seien sie selbst Schüler der Mittelstufe
- Weiße Socken in Sandalen tragen (man muss seine Demotivation nicht durch ein typisches Touristenoutfit zum Ausdruck bringen)
- Eine Woche lang nur dasselbe tragen (ja, das fällt den Schülern auf!)
- Sich selbst mit 60 nicht eingestehen können, dass die 70er vorbei sind, und noch immer dieselbe Frisur wie damals auf Woodstock tragen
- Zu enge Kleidung und zu hohe Schuhe – nur, weil viele Schülerinnen gerne „Germany's next Topmodel" schauen, heißt das nicht, dass die Lehrerin so gekleidet sein sollte wie die 18-jährigen Kandidatinnen der Sendung (schon gar nicht, wenn sie nicht die Figur dazu hat)
- Lehrer mit Röhrenjeans (wenn man keiner Indie-Rockband angehört, sollte man als Mann die Finger von dieser Art Hose lassen)
- Chucks – diese coolen Schuhe zu tragen, lässt sie auch nicht jugendlicher wirken
- Allgemein 60er- und 70er-Jahre-Musikstars wie Mick Jagger oder Paul McCartney als Modevorbild nehmen (Sie sind Lehrer und wirken in einem solchen Outfit einfach nur lächerlich.)

Mein persönliches pädagogisches Leitbild

Was macht Sie als Lehrerpersönlichkeit aus und was ist Ihnen wichtig? Ergänzen Sie die folgenden Sätze. Denken Sie daran, dass ein Leitbild vor allem eine Zielvorstellung im Blick hat. Sinnvoll wäre es, diese Übung mit Kollegen zu machen und sich über die Ergebnisse auszutauschen.

Ich bin ...

Ich erlebe mich als ...

Ich bin davon überzeugt, ...

Ich will mich bemühen, ...

Meine Arbeit ist geprägt von ...

Ich werde ...

Ich will gemeinsam mit den Schülern ...

Große Bedeutung für das gemeinsame Lernen hat ...

Meinen Bildungs- und Erziehungsauftrag sehe ich darin, ...

Wichtig ist mir, dass ...

Die Schüler erwarten von mir ...

Die Kollegen erwarten von mir ...

Ich erwarte von meinen Kollegen ...

In unserem Kollegium sind wir uns einig, dass ...

Als Schule wollen wir gemeinsam ...

Ein Satz, der prägend ist für Ihre Einstellung zu Ihrem Beruf:

Zeichen setzen

Eines Tages bat eine Lehrerin ihre Schüler, die Namen aller anderen Schüler in der Klasse auf ein Blatt Papier zu schreiben und ein wenig Platz neben den Namen zu lassen.
Dann sagte sie zu den Schülern, sie sollten überlegen, was das Netteste ist, das sie über jeden ihrer Klassenkameraden sagen können, und das sollten sie neben die Namen schreiben. Es dauerte die ganze Stunde, bis jeder fertig war, und bevor sie den Klassenraum verließen, gaben sie ihre Blätter der Lehrerin.
Am Wochenende schrieb die Lehrerin jeden Schülernamen auf ein Blatt Papier und daneben die Liste der netten Bemerkungen, die ihre Mitschüler über den Einzelnen aufgeschrieben hatten.
Am Montag gab sie jedem Schüler seine Liste. Schon nach kurzer Zeit lächelten alle. „Wirklich?", hörte man flüstern. „Ich wusste gar nicht, dass ich irgendjemandem was bedeute!" und „Ich wusste nicht, dass mich andere so mögen", lauteten die Kommentare.
Niemand erwähnte danach die Listen wieder. Die Lehrerin wusste nicht, ob die Schüler sie untereinander oder mit ihren Eltern diskutiert hatten, aber das machte nichts aus. Die Übung hatte ihren Zweck erfüllt. Die Schüler waren glücklich mit sich und mit den anderen.
Einige Jahre später war einer der Schüler in Vietnam gefallen und die Lehrerin ging zum Begräbnis dieses Schülers. Die Kirche war überfüllt mit vielen Freunden.
Einer nach dem anderen, der den jungen Mann geliebt oder gekannt hatte, ging am Sarg vorbei und erwies ihm die letzte Ehre.
Die Lehrerin ging als Letzte und betete vor dem Sarg. Als sie dort stand, sagte einer der Soldaten, die den Sarg trugen, zu ihr: „Waren Sie Marks Mathelehrerin?" Sie nickte: „Ja." Dann sagte er: „Mark hat sehr oft von Ihnen gesprochen."
Nach dem Begräbnis waren die meisten von Marks früheren Schulfreunden versammelt. Marks Eltern waren auch da und sie warteten offenbar sehnsüchtig darauf, mit der Lehrerin zu sprechen. „Wir wollen Ihnen etwas zeigen", sagte der Vater und zog eine Geldbörse aus seiner Tasche. „Das wurde gefunden, als Mark gefallen ist. Wir dachten, Sie würden es erkennen."
Aus der Geldbörse zog er ein stark abgenutztes Blatt, das offensichtlich zusammengeklebt, viele Male gefaltet und auseinandergefaltet worden war. Die Lehrerin wusste, ohne hinzusehen, dass dies eines der Blätter war, auf denen die netten Dinge standen, die seine Klassenkameraden über Mark geschrieben hatten. „Wir möchten Ihnen so sehr dafür danken, dass Sie das gemacht haben", sagte Marks Mutter. „Wie Sie sehen können, hat Mark das sehr geschätzt."
Alle früheren Schüler versammelten sich um die Lehrerin.
Charlie lächelte ein bisschen und sagte: „Ich habe meine Liste auch noch. Sie ist in der obersten Lade in meinem Schreibtisch."
Chucks Frau sagte: „Chuck bat mich, die Liste in unser Hochzeitsalbum zu kleben."
„Ich habe meine auch noch", sagte Marilyn. „Sie ist in meinem Tagebuch."
Dann griff Vicki, eine andere Mitschülerin, in ihren Taschenkalender und zeigte ihre abgegriffene und ausgefranste Liste den anderen. „Ich trage sie immer bei mir", sagte Vicki und meinte dann: „Ich glaube, wir haben alle die Listen aufbewahrt."
Die Lehrerin war so gerührt, dass sie sich setzen musste und weinte. Sie weinte um Mark und für alle seine Freunde, die ihn nie mehr sehen würden. Im Zusammenleben mit unseren Mitmenschen vergessen wir oft, dass jedes Leben eines Tages endet und dass wir nicht wissen, wann dieser Tag sein wird. Deshalb sollte man den Menschen, die man liebt und um die man sich sorgt, sagen, dass sie etwas Besonderes und Wichtiges sind. Sag es ihnen, bevor es zu spät ist.

Quelle unbekannt

Dienstliche Beurteilung des Lehrkörpers

Praktische Formulierungshilfen zur Abfassung dienstlicher Beurteilungen:

	Prädikat				
Merkmal	überragend	tritt hervor	befriedigend	entspricht im wesentlichen den Anforderungen	entspricht nicht den Anforderungen
Arbeitsleistung	reißt Bäume aus	reißt sich ein Bein aus	reißt sich zusammen	reißt Kalenderblätter ab	reißt vor der Arbeit aus
Schnelligkeit	erreicht Lichtgeschwindigkeit	schnell wie ein Kugelblitz	schneller als eine Kegelkugel	schneller als Rumkugeln	schiebt eine ruhige Kugel
Durchsetzungsvermögen	durchbricht Stahlbeton	durchbricht Mauerwerk	durchbricht die Arbeit	bricht Bleistifte ab	bricht leicht zusammen
Belastbarkeit	erledigt alles gleichzeitig	erledigt jeden Widersacher	erledigt seine Arbeit sofort	ist sofort erledigt	erledigt sein Geschäft
Kommunikationsfähigkeit	spricht mit Gott und Ebenbürtigen	spricht mit sich selbst und Vorgesetzten	verspricht viel	verspricht sich oft	spricht guten Getränken zu
geistige Fähigkeit	löst auf der Stelle jedes Problem	muss nachdenken, um Probleme zu lösen	hat mit Lösungen Probleme	löst Kreuzworträtsel	löst sich nur selten vom Fleck
allgemeines und dienstl. Wissen	weiß alles am besten	weiß über alles Bescheid	weiß, was er falsch macht	weiß, wann Feierabend ist	weiß, wo gerade gefeiert wird
Führungsqualitäten	ist in allem führend	führt ein strenges Regiment	verführt zum Feiern	führt ein angenehmes Leben	braucht häufig Abführmittel
Verhalten gegenüber Vorgesetzten	macht Vorgesetzte überflüssig	öffnet Vorgesetzten die Tür	grüßt Vorgesetzte stets fröhlich	fragt Vorgesetzte nach der Uhrzeit	parkt auf reserviertem Chef-Parkplatz
Verhalten gegenüber Kollegen	hat keine Kollegen	lässt Kollegen ins Messer laufen	grüßt Kollegen korrekt mit „Mahlzeit"	unterhält sich mit Kollegen im Dienst	hält Kollegen von der Arbeit ab

Quelle unbekannt

Das Dorfschulmeisterlein

um 1890

1. In einem Dorf im Schwabenland,
Da lebt, uns allen wohlbekannt,
|: Da wohnt in einem Häuslein klein,
Das arme Dorfschulmeisterlein. :|

2. Des Sonntags ist er Organist,
Des Montags fährt er seinen Mist.
|: Des Dienstags hütet er die Schwein,
Das arme Dorfschulmeisterlein. :|

3. Des Mittwochs fährt er in die Stadt
Und kauft, was er zu kaufen hat.
|: 'Nen halben Hering kauft er ein,
Das arme Dorfschulmeisterlein. :|

4. Des Donnerstags geht er in die Schul'
Und legt die Buben über'n Stuhl.
|: Er haut so lange, bis sie schrein,
Das arme Dorfschulmeisterlein. :|

5. Des Freitags dann im Unterricht
Erzählt er von der Weltgeschicht'
|: Und paukt die Jahreszahlen ein,
Das arme Dorfschulmeisterlein. :|

6. Am Samstag schließlich sind noch dann
Vokabeln und Grammatik dran.
|: Er quält die Buben mit Latein,
Das arme Dorfschulmeisterlein. :|

7. Und wenn im Dorfe Hochzeit ist,
Dann könnt ihr sehen, wie er frisst.
|: Was er nicht frisst, das steckt er ein,
Das arme Dorfschulmeisterlein. :|

8. Und wird im Dorf ein Kind getauft,
Dann könnt ihr sehen, wie er sauft.
|: Elf Halbe schüttet er sich ein,
Das arme Dorfschulmeisterlein. :|

9. Und wenn im Dorf Musike ist,
Dann spielt der Lehrer fleißig mit.
|: Es spielt zwar laut, doch nicht zu rein,
Das arme Dorfschulmeisterlein. :|

10. Und wird im Dorf ein Schwein geschlacht',
Dann könnt ihr sehen, wie er lacht.
|: Die größte Wurst ist ihm zu klein,
Dem armen Dorfschulmeisterlein. :|

11. Und wenn die Schule einmal brennt,
Dann könnt ihr sehen, wie er rennt,
|: Dann kann sich mit den Kindern freun
Das arme Dorfschulmeisterlein. :|

12. Und wird im Dorf ein Haus gebaut,
Dann könnt ihr sehen, wie es klaut.
|: Den größten Balken schleppt es heim,
Das arme Dorfschulmeisterlein. :|

13. Und wenn es mal gestorben ist,
Begräbt man es mit Hühnermist.
|: Ein Huhn setzt ihm den Leichenstein,
Dem armen Dorfschulmeisterlein. :|

Studie: „Ausgebrannte" Lehrer waren bereits im Studium überfordert

Eine Längsschnittstudie der Goethe-Universität Frankfurt, in der mehr als 1 000 Personen vom Studium bis zum Beruf begleitet und viermal zu ihrer Wahl und Eignung befragt wurden, zeigte deutlich, dass die meisten der später „ausgebrannten" Lehrer sich bereits im Studium überfordert fühlten und wenig engagiert waren.

Drei Typen von Lehramtsstudenten lassen sich nach der Studie unterscheiden:

- Die „riskant Studierenden" (27 %) schätzen ihre Befähigung von Beginn an sehr skeptisch ein.
- Die „Engagierten" (38 %) erreichen in allen Bereichen positive Werte.
- Die „Sachlichen" (35 %) nannten pragmatische Motive für die Berufswahl.

Dabei bestätigte sich die weit verbreitete These nicht, dass besonders engagierte Lehrkräfte wegen der Diskrepanz zwischen selbst gesteckten Zielen und beruflicher Realität anfällig seien, im Beruf „auszubrennen". Ein wichtiges Ergebnis: Die meisten (60 %) der später „ausgebrannten" Lehrer fühlten sich bereits im Studium überfordert und waren wenig engagiert. Von den engagierten Studierenden sahen sich dagegen nur zehn Prozent im Berufsleben überlastet.
Also: Die über besondere Belastungen Klagenden haben vermutlich nie „gebrannt".
25 Prozent der befragten Studienanfänger wollten eigentlich nie Lehrer werden, es war vielmehr eine „Notlösung". Etwa die Hälfte dieser Gruppe stieg aus, sobald sich eine Alternative bot. Die anderen machten weiter. Dabei waren trotz der negativen Selbsteinschätzungen des Studienverlaufs häufig hedonistische Motive für die Studienwahl ausschlaggebend: geringe Anforderungen im Studium, wenig Zeitaufwand, Zeit für andere Interessen.
Eine stark pragmatische Orientierung zeigte sich bei den Studierenden, die das Studium optimistisch eingeschätzt und erfolgreich abgeschlossen hatten: Die Nähe des Heimatortes beim Studium und beim späteren beruflichen Einsatz, ein überschaubares Studium und ein sicherer, familienfreundlicher Arbeitsplatz sind ausschlaggebende Motive bei über 50 Prozent aller Befragten.

Nach der Studie ist schon nach vier Berufsjahren jeder zehnte Lehrer stark überfordert. Wer schon schlapp und unmotiviert in den Beruf einsteigt, brennt auch schneller aus.

Und warum wollen Sie Lehrer werden?
Haben Sie wirklich Freude am Umgang mit Kindern und Jugendlichen? Sind Sie belastbar?

Sind Lehrer überfordert?

Der Bildungsforscher und Professor für Sozial- und Gesundheitswissenschaften, Klaus Hurrelmann, bringt es auf den Punkt: 25 Prozent aller Pädagogen in Deutschland sind mit ihrem Job überfordert! So seien auch etwa die Hälfte der Pädagogen über 50 Jahren nicht mehr auf dem neuesten Stand der gesellschaftlichen und technischen Entwicklung. Das liege auch an der mangelnden Fortbildungsbereitschaft. Gleichzeitig macht er den Vorschlag, ausgebrannte Lehrer zur Pausenaufsicht einzuteilen. Natürlich reagierte der Deutsche Lehrerverband mit heftiger Kritik. Blickt man auf die Statistik, so wird man feststellen, dass deutsche Lehrer durchschnittlich deutlich älter als ihre Kollegen im Ausland sind. Ein Beispiel: Über 50 Prozent der Pädagogen in den Grundschulen sind über 50 Jahre.

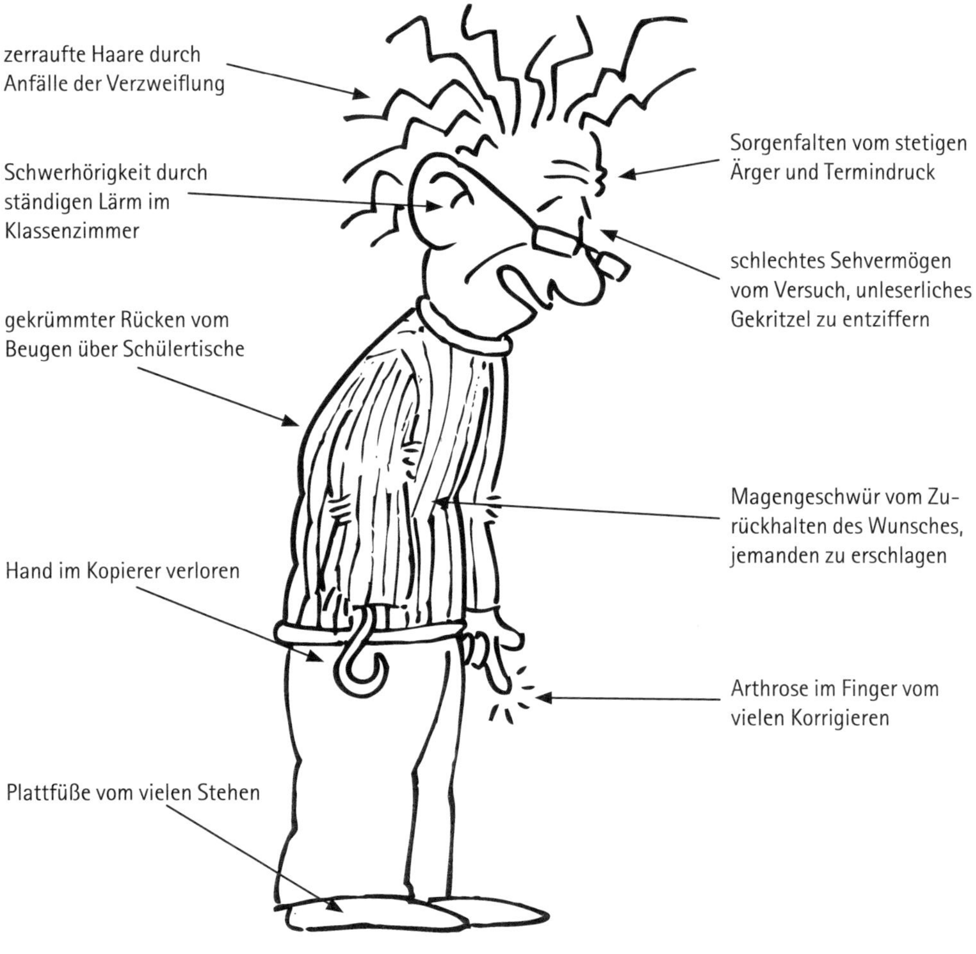

WIR

Sonderbare Vögel

Schauen Sie einmal mit einem besonderen Blick in Ihr Kollegium. Stellen Sie sich vor, dass Sie nur Vögel sehen, und jeder ist ein besonderes Exemplar seiner Gattung. Welche Kollegen erkennen Sie in den folgenden Beschreibungen?

Adler

Sie fliegen hoch, um die Situation zu überblicken. Dann übernehmen sie eine führende Rolle.

Eulen

Die Eulen sind die Experten, die einem ständig etwas erklären wollen und auch können.

Lachmöwen

Die Lachmöwen sind immer da und versuchen, das Beste aus einer Situation zu machen. Sie sind wahre Überlebenskünstler.

Kanarienvögel

Sie sind unwiderstehlich und farbenfroh. Sie stehen im Mittelpunkt der Aufmerksamkeit. Kanarienvögel sind meist die Top-Verkäufer.

Papageien

Papageien versuchen, sich möglichst gut anzupassen. Sie ahmen das Umfeld perfekt nach. Ja, und dann plappern sie noch die meiste Zeit. Und meistens plappern sie genau das nach, was sie ständig von den anderen hören.

Strauße

Diese Vögel stecken ihren Kopf in den Sand. Sie tun so, als wäre alles in Ordnung. Aber wenn es brenzlig wird, dann laufen sie so schnell wie möglich.

Schwäne

Schwäne erhalten Respekt durch ihr würdevolles Auftreten. Sie strahlen Ruhe aus.

Rebhühner

Die Rebhühner verhalten sich neutral und tarnen sich gut. Sie werden meist nicht bemerkt und daher auch selten befördert. Doch sie haben ein ruhiges Leben. Beamte sind meist Rebhühner. Bei diesen Vögeln kommt es gar nicht so selten vor, dass sie 20 Jahre in ein und derselben Firma arbeiten.

Hühner

Wer kennt sie nicht, die Hühner? Sie ducken sich und gackern ständig. Das heißt, sie jammern über alles. Aber sie selber würden nie etwas dagegen machen.

Eisvögel

Eisvögel sind schnell und fleißig. Sie springen immer ins kalte Wasser, um einen fetten Fisch an Land zu befördern.

Pinguine

Die Pinguine sind Massenvögel. Bei denen sieht einer wie der andere aus. Wie die Manager in einem Unternehmen. Auch sie tun alles zusammen und dann das Gleiche.

Geier

Die Geier machen die Jobs, die kein anderer machen will. Was wäre die Arbeits- und die Tierwelt ohne die Geier?

Tauben

Diese Vögel sind die Vermittler, Friedenstifter und Problemlöser.

Pfauen

Die Pfauen machen andere sprachlos durch ihre unglaublichen Talente und Fähigkeiten. Und ihnen selber ist dies auch bewusst.

Vielleicht sehen Sie Ihre Kollegen aus einer anderen Perspektive, wenn Sie morgen ins Lehrerzimmer kommen.

Vier Kollegen

Das ist eine kleine Geschichte über vier Kollegen namens JEDER,
JEMAND, IRGENDJEMAND und NIEMAND.

Es ging darum, eine wichtige Arbeit zu erledigen,
und JEDER war sicher, dass sich JEMAND darum kümmert.
IRGENDJEMAND hätte es tun können, aber NIEMAND tat es.
JEMAND wurde wütend, weil es JEDERS Arbeit war.
JEDER dachte, IRGENDJEMAND könnte es machen,
aber NIEMAND wusste, dass JEDER es nicht tun würde.
Schließlich beschuldigte JEDER JEMAND, weil NIEMAND tat,
was IRGENDJEMAND hätte tun können.

Der unmotivierte Mentor

Manche meiner Kollegen haben große Probleme mit ihrem Fachleiter. Da läuft es bei mir recht gut. Mein Problem ist mein Mentor. Dabei spielen viele Faktoren eine Rolle. Zunächst ist die ungünstige Voraussetzung gegeben, dass er von der Schulleitung für diese Aufgabe verpflichtet wurde. Das stört ihn und das sagt er auch bei jeder passenden und unpassenden Gelegenheit. Er hat einfach keine Lust, diese Arbeit zu übernehmen.
Zu der mangelnden Motivation kommt ein Faktor, der für mich noch wichtiger ist: Die Chemie zwischen uns stimmt nicht – weder fachlich noch menschlich.
Dabei brauche ich ihn dringend. Das war vor allem in der Anfangsphase der Fall. Ich brauche seinen fachlichen Rat und sein beratendes Feedback. Ich habe häufig in seinem Unterricht hospitiert und bin begeistert von seiner Art, wie er die Schüler motivieren kann. Ich könnte viel von ihm lernen, wenn er nur wollte.
Seine Kommentare zu meinem Unterricht sind kurz und knapp („Das war daneben!", „Gute Ansätze!"), doch wenig hilfreich. Ich vermisse auch die Wertschätzung meiner Arbeit und vor allem ein Einfühlen in meine momentane Situation. Wie soll ich mich weiterentwickeln, wenn ich nicht weiß, wo ich stehe?

Referendarin an einer Realschule mit den Fächern Englisch und Deutsch

Anforderungen an Führungskräfte

Der Abt wisse, dass er mehr helfen als herrschen soll.
Er hasse die Fehler, er liebe die Brüder. Damit wollen wir nicht sagen, er dürfe Fehler wuchern lassen, vielmehr schneide er sie klug und liebevoll weg.
Er suche, mehr geliebt als gefürchtet zu werden.
Er mache alles Gute und Heilige mehr durch sein Leben als durch sein Reden sichtbar.
Er sei nicht so stürmisch und nicht ängstlich, nicht maßlos und nicht engstirnig, nicht eifersüchtig und allzu argwöhnisch, sonst kommt er nie zur Ruhe. In seinen Befehlen sei er vorausschauend und besonnen.
So halte er in allem Maß, damit die Starken finden, wonach sie verlangen, und die Schwachen nicht davonlaufen. Er lasse sich vom Gespür für den rechten Augenblick leiten und verbinde Strenge mit gutem Zureden.
Er zeige den entschlossenen Geist des Meisters und die liebevolle Güte des Vaters.
Härter tadeln muss er solche, die keine Zucht kennen.
Zum Fortschritt im Guten ermutige er alle, die gehorsam, willig und geduldig sind; streng zurechtweisen und bestrafen soll er jene, die nachlässig und widerspenstig sind.
Rechtschaffene und Einsichtige weise er einmal und ein zweites Mal mit mahnenden Worten zurecht. Boshafte aber, Hartherzige, Stolze und Ungerechte soll er beim ersten Anzeichen eines Vergehens durch Schläge im Zaum halten. Er kennt doch das Wort der Schrift: Ein Tor lässt sich durch Worte nicht bessern. Er wisse: Wem mehr anvertraut ist, von dem wird mehr verlangt. Stets denke er daran: Er hat die Aufgabe übernommen, Menschen zu führen, für die er einmal Rechenschaft ablegen muss.

Aus den Regeln des Heiligen Benedikt (480 – 547), gekürzte Fassung

Welche der genannten Regeln wären für Ihren Schul- und Seminarleiter hilfreich?

Was ist ein Fachleiter? Kindern erklärt ...

Ein Fachleiter ist ein besonderer Lehrer. Er weiß gut Bescheid über ein bestimmtes Fach (z. B. Biologie, Deutsch oder Mathematik). Und er weiß, wie man Schülern etwas gut beibringen kann. Und weil er das so gut kann, zeigt er das anderen Lehrern, die das auch lernen wollen. Die nennt man Referendare. Er ist nicht jeden Tag in der Schule, um zu unterrichten. Oft fährt er zu anderen Schulen und setzt sich in einer Klasse in die letzte Reihe. Dann beobachtet er ganz genau den Unterricht, den ein Referendar hält. Dieser versucht, alles möglichst gut zu machen. Und wenn er sieht, dass der Fachleiter in der letzten Bank schmunzelt oder nickt, ist er zufrieden. Manchmal übt er auch die Stunde mit den Schülern, damit der Fachleiter besonders froh ist. Das sagt er ihm natürlich nicht. Oft sitzen auch noch andere wichtige Menschen neben dem Fachleiter. Nach dem Unterricht setzen sich der Fachleiter und der Referendar zusammen und reden miteinander über die Stunde. Der Fachleiter sagt, was er gut fand und was ihm nicht so sehr gefallen hat. Das schreibt er auch noch auf und gibt es dem Referendar. Dann kann er es immer nachlesen und als Lehrer immer besser werden. Denn er will ja am Schluss seiner Ausbildung mindestens so gut sein wie der Fachleiter.

Und jetzt noch mal für Erwachsene:
Ein Fachleiter ist ein Ausbilder für Methodik und Didaktik für Lehramtsanwärter in der zweiten Ausbildungsphase. Er kommt regelmäßig in die Ausbildungsschule und begutachtet und benotet den Unterricht des Referendars. Dazu erhält er eine schriftliche Ausarbeitung. Nach der Showstunde gibt er Rückmeldung und berät den Referendar. Weitere Teilnehmer können der Mentor und ein Vertreter der Schul- bzw. Seminarleitung sein. Der Referendar erhält ein Protokoll, in dem die wichtigsten Besprechungspunkte festgehalten sind. Die Referendare treffen sich regelmäßig mit dem Fachleiter, wobei die fachdidaktische und pädagogische Ausbildung vertieft wird. Am Ende der Ausbildungszeit schreibt er ein Gutachten und gibt eine Note. Er unterrichtet auch an einer Schule. Seine Unterrichtsverpflichtung richtet sich nach der Anzahl der zu betreuenden Referendare.

Antworten Sie kindgerecht auf folgende Fragen!

- Macht ein Fachleiter eine Ausbildung?
- Was hat ein Fachleiter in seiner Tasche?
- Muss sich ein Referendar immer so verhalten, dass es dem Fachleiter gefällt?
- Dürfen schlecht gelaunte Fachleiter auch den Unterricht des Referendars besuchen?
- Warum nehmen sich manche Fachleiter so wichtig?
- Hat ein Fachleiter auch einen Chef?
- Muss ein Fachleiter immer auch ein guter Lehrer sein?
- Muss ein Fachleiter seine Referendare gern haben?
- Muss ein Fachleiter sich immer Mühe geben?
- Darf man den Fachleiter in verzweifelten Situationen auch nachts anrufen?
- Bekommen Fachleiter auch eine Note für ihre Arbeit?
- Sind Fachleiter immer hungrig und durstig, wenn sie zu einer Lehrprobe kommen?

Übrigens: Niemand kann „gelernt werden"! Lernen ist kein passiver Vorgang, man kann nur selber lernen. Das gilt auch für Referendare!

Die Schöpfung

Der Fachleiter bespricht mit Gott die Schöpfung. Gott lässt den Blick über das Universum schweifen: „Ich denke, es ist mir ganz gut gelungen!" Daraufhin lächelt der Fachleiter milde und antwortet: „Nun ja, man merkt, dass du noch ein Anfänger bist. Der Einstieg mit dem Urknall war sicher zündend, dann war allerdings ein paar Milliarden Jahre das Ziel nicht ganz klar. Die Phrasierung durch das Sieben-Tage-Schema ist im Grundsatz eine gute Idee, aber auf Dauer ermüdend, mit einem informierenden Einstieg hättest du zumindest erreichen können, dass man nicht nach der Hälfte der Zeit dasitzt und sich fragt, wie lange das wohl weitergeht! Die Sterne hätte man durch verschiedene Farben stärker hervorheben können. Den Menschen hast du viel zu spät eingeführt. Lernpsychologisch geschickt sind die Wiederholungen. Aber warum immer unmittelbar hintereinander? Das machst du besser in größeren Abständen, damit das Langzeitgedächtnis auch trainiert wird! Insgesamt hätte ich mehr Schwung erwartet – und fertig geworden bist du auch nicht!"

Mein Fachleiter ist gut!

Ich werde zum Abbild meines Fachleiters. Diese Rückmeldung erhalte ich ständig von allen an meiner Ausbildung beteiligten Menschen. Ist das nun schlecht oder gut? Dabei war ich zu Beginn der Ausbildung ein unbeschriebenes Blatt. Halt offen für alles. Ich saugte das Wissen nur so auf. Dabei war es mir wichtig, vor allem für die Unterrichtspraxis zu lernen. Und mein Fachleiter hatte hier einen entscheidenden Einfluss. Ich bin wirklich begeistert von seinem Unterricht, den ich oft hospitiert habe. Er redet nicht nur und fordert, sondern ist durch und durch ein guter Fachlehrer und Pädagoge. Wenn ich begeistert von ihm rede, rümpfen viele meiner Referendarskollegen die Nase. Ist es etwa nicht schicklich, von seinem Lehrer und seinen Methoden überzeugt zu sein? Manche sagen mir, dass ich unbedingt meinen eigenen Stil finden muss und eine individuelle Lehrerpersönlichkeit werden soll. Und dass ich möglichst viel ausprobieren soll, bis ich meinen Unterricht, meine Art zu kommunizieren, meine Methoden und meine Medien gefunden habe, und mich nicht dabei verbiege. Das alles habe ich gefunden. Neulich las ich im Internet, dass die meisten Fachleiter versuchen, kleine Fachleiter zu formen, weil sie sich selbst für die besten Lehrer halten. Und so machen viele es so, wie es ihr Fachleiter will, um gute Bewertungen zu erzielen. Das mag gelegentlich so sein. Aber lasst mir doch bitte meine Überzeugung: Mein Fachleiter ist gut und ich möchte auch gut werden!

Referendar an einem Gymnasium

Was Fachleiter von Dieter Bohlen lernen können

Er ist schonungslos und direkt. Und für so manchen Zuschauer überschreitet er regelmäßig die Grenze des Anstands und des guten Geschmacks. Doch er ist ehrlich und sagt, was er denkt. Sollten Fachleiter bei Dieter Bohlen in die Schule gehen und ihr sprachliches Bewertungssystem erweitern? – Urteilen Sie selbst! Hier einige Beispiele:

- Qualität kommt von quälen.
- Wenn du mir versprichst, nie wiederzukommen, sage ich nichts Böses.
- Der Nachteil bei dir ist, dass du keinen Vorteil hast.
- Den ganzen Vormittag hatte ich das Gefühl, am Abgrund zu stehen. Mit dir sind wir einen Schritt weiter.
- In diesem Leben wird das nichts mehr. Da können dann vielleicht nur noch die Ärzte helfen.
- Du bist die personifizierte Talentfreiheit aus Deutschland.
- Kann man das noch irgendwie verhindern, dass du Musiklehrer wirst?
- Sonst sagt man den Kandidaten immer: „Gib nicht auf!", aber bei dir würde ich da 'ne Ausnahme machen.
- Das einzig Positive, was mir zu deiner Performance einfällt, ist: Was man nicht kann, kann man auch nicht verlernen.
- Du bist wie eine Wolke. Wenn du dich verziehst, könnte es noch ein schöner Tag werden.
- Du hast schwach angefangen und stark nachgelassen.
- Das war super. Super schlecht!
- Du bist wirklich alles, was wir hier nicht brauchen.

Manche Sprüche eines Fachleiters prägen sich ein und begleiten einen ein ganzes Lehrerleben lang.

Die besten Sprüche meines Fachleiters:

Was wir in der Schule lernen

Der Schule der Jetztzeit ist etwas gelungen, das nach den Naturgesetzen unmöglich sein soll: die Vernichtung eines einmal vorhanden gewesenen Stoffes. Der Kenntnisdrang, die Selbsttätigkeit und die Beobachtungsgabe, die die Kinder dorthin mitbringen, sind nach Schluss der Schulzeit in der Regel verschwunden, ohne sich in Kenntnisse oder Interessen umgesetzt zu haben. Das ist das Resultat, wenn die Kinder ungefähr vom sechsten bis zum achtzehnten Jahre ihr Leben auf Schulbänken damit zugebracht haben, Stunde für Stunde, Monat für Monat, Semester für Semester, Kenntnisse zuerst in Teelöffel-, dann in Dessertlöffel- und schließlich in Esslöffelportionen einzunehmen, Mixturen, die der Lehrer oft aus Darstellungen aus vierter oder fünfter Hand zusammengebraut hat.

Ellen Key

Unser Lehrer hat Respekt vor uns

- Er kann gut zuhören.
- Er kennt unsere Sorgen und Freuden, weil er sich nicht nur für den Lehrstoff interessiert.
- Sein Unterricht ist anspruchsvoll und ansprechend.
- Sein Unterricht ist abwechslungsreich, weil er viele Medien und Methoden einsetzt.
- Er liebt das Fach, das er unterrichtet.
- Er kann gut erklären und hat Geduld, wenn wir etwas nicht verstehen.
- Er spürt sofort, wenn etwas in unserer Klasse nicht stimmt, und spricht es an.
- Er lobt uns, wenn wir etwas gut machen.
- Wir wissen, auch wenn er Fehler anspricht, meint er es gut mit uns.
- Er weckt unser Interesse und die Neugier an neuen Themen und Fragen.
- Er lacht gerne und hat Humor.
- Wir können ihm offen sagen, wenn uns etwas nicht gefällt.
- Er spricht uns Mut zu, wenn wir aufgeben wollen.
- Die Unterrichtszeit wird gut genutzt, damit wir etwas lernen.
- Seine Bewertungen sind gerecht und nachvollziehbar.
- Er hält sich an Absprachen mit uns oder unseren Eltern.
- Er bemüht sich um ein Gespräch mit unseren Eltern.
- Auch wenn er Grenzen setzt, respektieren wir das.
- Er ist für uns ein gutes Vorbild in seinem Reden und Verhalten.
- Wir lernen bei ihm, selbstständig zu denken und Verantwortung zu übernehmen.
- Er setzt sich für uns ein, wenn wir Probleme mit anderen Lehrern haben.
- Wir lernen in seinem Unterricht gute Manieren und freundliches Verhalten.
- Bei Konflikten hilft er uns, sie fair zu lösen.
- Wir müssen nicht schleimen, um eine gute Note zu erhalten.

Ohne uns geht nichts!

An unserer Schule sind regelmäßig Referendare. Ich bin sozusagen mit ihnen groß geworden. In der Unterstufe gingen wir noch recht zwanglos mit diesen pädagogischen Azubis um. Die waren für jeden Spaß zu haben. In der Mittelstufe wurde uns deutlich, dass ein Referendar von uns Schülern abhängig ist. Er braucht unsere Unterstützung, um einen guten Abschluss machen zu können. „Was bekommen wir denn dafür?", war eine regelmäßige Frage bei der Vorbereitung einer Lehrprobe. Die Versprechungen waren vielfältig und qualitativ unterschiedlich. Von einer Runde Eis bis zum Kinobesuch konnten wir gute Erfolge erzielen.
Pech hatte ein Referendar, wenn er es sich mit einer Klasse verscherzte. Schüler können unberechenbar und sehr nachtragend sein. Ich erinnere mich an Frau Kollwitz, die sehr ehrgeizig war. Doch sie nahm keine Rücksicht auf uns Schüler und war eher eine leibhaftige Bedrohung. „Wenn ihr in der Stunde nicht mitmacht, dann ...!", lautete ihre Warnung vor einer Lehrprobe, für die sie eine Note erhalten sollte.
Sie brauchte uns und das sollte sie durch unsere Lektion deutlich spüren. Fünf Schüler kamen zu spät in den Unterricht und es meldete sich kein einziger auf ihre Fragen. Insgesamt zehn Handys klingelten während der Stunde und die unterschiedlichsten Gegenstände flogen durch den Raum. Drei Mitschüler verweigerten den Gang zur Tafel und ständig gähnte einer. Es war das pure Chaos und die Quittung für eine, die lernen musste, uns Schüler ernst zu nehmen. Selbst schuld, denn ohne uns geht nichts!

Schüler an einem Gymnasium

Ich liebe Kinder

Ein wesentlicher Grund, warum ich Lehrerin an einer Grundschule werden will, ist, dass ich Kinder mag. Sie sind so natürlich und wollen die Welt erobern. Sie haben noch viele Fragen, deren Antworten ich mit ihnen erkunden will. Das war schon immer mein Traum.
Ich bin nun seit einem Jahr mit dem Referendariat fertig und spüre immer mehr, wie meine Begeisterung für den Beruf wächst. Zugegeben, der Anfang meiner Ausbildung war schwer und verlief nicht ohne Konflikte und Tränen. Das lag vor allem daran, dass ich erfahren musste, dass nicht alle Kinder meiner Idealvorstellung entsprachen. Mein erster Tag war eine Katastrophe und endete im Chaos. Ob mich der Schulleiter nun bewusst einem Crashtest unterziehen wollte oder ob ich zu aufgeregt war, kann ich im Nachhinein nicht mehr beurteilen. Am Abend des besagten ersten Tages war mein Bild von den süßen unschuldigen Kindern zerstört.
Ich kam mir vor wie in einer Herde verhaltensauffälliger kleiner Bestien, die mich und mein Leben zerstören wollten. Ich war körperlich und psychisch an meine Grenzen geraten. Ein Traum war plötzlich zerplatzt. Und das bereits nach einem Tag.
Ich musste mich mit der Realität auseinandersetzen. Ich hatte während der letzten Jahre versäumt, mich auf die Realität vorzubereiten. Nach und nach fand ich mich damit ab, dass meine Herausforderung in der Schule vor allem in der pädagogischen Arbeit lag. Ich musste mich auf die Kinder mit ihren zum Teil sehr schwierigen Lebensverhältnissen einstellen. Nur so konnte ich zufrieden werden. Die Kinder brauchen meine Zuwendung und mein Verständnis. Nun ist meine Ausbildungszeit schon ein Jahr vergangen und ich habe mich eingelebt und eingearbeitet in diese herausfordernde und doch bereichernde Arbeit als Lehrerin.
Und noch immer bin ich der Auffassung, dass ich meinen Beruf nur dann gut mache, wenn ich die Kinder respektiere und sie liebe, wie sie sind.

Junglehrerin an einer Grundschule

Appell eines „Problemschülers" an seine Lehrkräfte

1. Seht in mir bitte nicht nur den Schüler! Mein Leben ist von persönlichen, familiären und sozialen Entwicklungen manchmal so bestimmt, dass ich mich nur wenig auf Schule konzentrieren kann.
2. Schule ist für mich auch Teil meines Lebensraumes. Hier treffe ich Gleichaltrige, mit denen ich viele Interessen teile. Interessiert euch auch für unsere Themen und fühlt euch angesprochen, diesen Lebensraum mitzugestalten!
3. Sprecht regelmäßig mit mir über meine Bildungsziele und meinen Leistungsstand! Überlegt mit mir gemeinsam, wie ich meine Ziele erreichen kann, und gebt mir Hilfen im Alltag, an meinen Vorsätzen festzuhalten.
4. Gebt mir Möglichkeiten, Eigenverantwortung für mein Vorankommen zu übernehmen! Gewährt mir Unterstützung bei der Umsetzung meiner guten Vorsätze, alleine schaffe ich das nicht!
5. Versucht, es einzurichten, dass ich den Anschluss nicht verpasse, auch wenn ich mal nicht mit dem allgemeinen Tempo Schritt halten kann! Auch und gerade in Zeiten, in denen ich mit anderen Problemen in Beschlag genommen bin, möchte ich in der Schule angenommen und unterstützt sein.
6. Zeigt mir, dass ihr mich ernst nehmt, aber überfordert mich nicht! Klar, ich beanspruche, wie ein Erwachsener behandelt zu werden. Und doch bin ich mitten in einer Entwicklung, hin- und hergerissen zwischen dem Wunsch nach Autonomie und der Anhänglichkeit eines Kindes. Seid insbesondere vorsichtig mit „Verträgen"!
7. Stellt mich bitte niemals bloß und kritisiert mich nicht vor anderen! Bedenkt, dass ich in einem Alter bin, in dem ich trotz rauer Schale eine in Umbruch und Entwicklung befindliche Persönlichkeit bin. Oft bin ich extrem verunsichert und sehr verletzlich.
8. Verliert nie den Glauben daran, dass ich an einem Schulabschluss interessiert bin und mein Leben in die Hand nehmen will! Das mache ich euch oft nicht leicht, ich weiß. Aber hinter meiner „Null-Bock-Haltung" verbirgt sich meist Resignation. Mit meiner „Coolness" will ich das überspielen.
9. Sprecht nicht zu mir von der „letzten Chance"! Ich werde dem Druck vielleicht nicht standhalten und es drauf ankommen lassen, um Klarheit für mich zu haben. Das Leben wird mich lehren, dass es immer neue Chancen geben wird – positive wie negative –, und ich werde das Vertrauen in eure Worte verlieren.
10. Zeigt mir, dass ihr an mir als Teil der Gesellschaft interessiert seid! Lasst nicht zu, dass ich mich selber anders definiere! Lasst mich spüren, dass ihr notfalls um mich kämpfen werdet!

An alle Lehrer dieser Welt!

Der superideale, hypercoole Lehrer

Wenn Sie mit Ihren Schülern nicht zurechtkommen und sich fragen, was sie eigentlich von Ihnen wollen, lesen Sie sich folgende Tipps durch und Sie werden mit neuer, frischer Dynamik in den Unterricht gehen:

- Die Schüler nicht fertigmachen
- Den Stoff so lange erklären, bis es jeder versteht
- Den Unterricht abwechslungsreich gestalten
- Den Stoff gut erklären
- Gepflegt erscheinen
- Freundlich, hilfsbereit und höflich sein
- Auf Wünsche der Schüler eingehen
- Sinnvolle und angemessene Hausaufgaben geben
- Kontrollieren, ob die Hausaufgaben gemacht sind
- Viel Humor haben, aber wissen, wann Schluss ist
- Übersichtliche Hefteinträge vorlegen
- Den Schüler nicht unterbrechen
- Keine antireligiösen Witze machen
- Keinen Schüler bevorzugen

Wenn Sie diese Tipps berücksichtigen, sollten Sie dem idealen Lehrer einen Schritt näherkommen und auf der Beliebtheitsskala einen der Topplätze belegen.
Viel Spaß bei der Umsetzung!

Der Lehrercheck

Kann er was?

Er liebt sein Fach und ist begeistert davon.

Will er uns etwas beibringen?

Er kann den Unterrichtsstoff gut und anschaulich vermitteln. Er weiß, wie Lernen Spaß machen kann.

Kann er sich durchsetzen?

Die Schüler akzeptieren ihn als Respektperson. Das zeigt sich im gegenseitigen Umgang miteinander.

Sind wir ihm wichtig?

Er interessiert sich für seine Schüler und ihre großen und kleinen Sorgen und die schönen Dinge des Lebens. Jeder einzelne Schüler ist ihm wichtig.

Denken Sie daran: Schüler sind gute Beobachter. Oft zählt dabei der erste Eindruck. Es braucht lange Zeit, um diesen wieder zu korrigieren! Dabei ist es wichtig, wie Sie sich verhalten, wie Sie reden und auch wie Sie aussehen.

Woran Schüler einen lustlosen und unmotivierten Lehrer erkennen

- Er lacht nie und ist meist schlecht gelaunt.
- Er kommt häufig zu spät in den Unterricht.
- Während der Stunde geht er öfter kopieren.
- Seine Lustlosigkeit steht ihm ins Gesicht geschrieben.
- Alles muss beim ersten Mal verstanden werden.
- Meistens ist er schlecht vorbereitet.
- Er unterrichtet fast immer im Frontalunterricht.
- Wenn er auf eine Frage keine Antwort weiß, lenkt er vom Thema ab.
- Seine Aufgabenstellungen sind sehr unklar.
- Nachfragen sind nicht erlaubt.
- Es findet sich kein roter Faden im Stundenablauf.
- Meistens wissen wir nicht genau, woran wir sind.
- Der Unterricht verläuft chaotisch.
- Er kann seine emotionalen Ausbrüche nicht kontrollieren.
- Wenn wir etwas kritisieren, nimmt er es sehr persönlich.
- Weiß er nicht weiter, delegiert er Aufgaben an seine Lieblingsschüler.
- Vor den Ferien schauen wir uns nur Filme an.
- Seine Notengebung ist ungerecht und undurchsichtig.
- Manchmal beleidigt er einzelne Schüler.
- Es interessiert ihn nicht, ob wir alles verstanden haben.
- Er ignoriert Schüler, die er nicht leiden kann.
- Seine Prüfungen und Arbeiten sind häufig ungenau formuliert.
- Er lässt sich leicht vom Unterrichtsstoff ablenken.
- Wenn er Arbeiten zurückgibt, erläutert er die Note nicht.
- Auch wenn wir nichts verstehen, redet er einfach weiter.
- In seinem Unterricht gibt es andauernd Störungen.
- Er kann sich nicht durchsetzen.
- Gerne hält er Vorträge über die Schlechtigkeit der heutigen Kinder und Jugendlichen.
- Sein Handeln ist inkonsequent.
- Seine Witze gehen meistens zu Lasten von Schülern oder Kollegen.
- Er nervt ständig mit Anekdoten aus seinem Leben.
- Unseren Respekt muss er sich verdienen.
- Er mag keine Kinder.

Schülertypen

Schüler ist nicht gleich Schüler. Sie haben es im Unterricht mit vielen unterschiedlichen Menschen und Typen zu tun. Sie sollten lernen, niemanden in eine Schublade zu stecken, sondern respektvoll und ehrlich mit jedem Schüler umzugehen. Mit welchen Schülertypen haben Sie schon Bekanntschaft gemacht und wie sieht Ihre Einschätzung aus?

- Der Klassensprecher genießt das Vertrauen aller. Er glänzt durch verantwortungsvolles Handeln. Er vermittelt und kann gut organisieren.
- Der Klassenclown ist für den Spaß in der Klasse zuständig, nervt jedoch ab und zu.
- Der Vorlaute gibt zu allem ungefragt seinen Senf. Er nervt und ist nicht abzustellen.
- Der Streber ist nett und brav und weiß alles.

- Der Nerd hat nicht nur eine eckige Brille. Er lebt meist vereinsamt und überheblich in seiner virtuellen Welt.
- Der Kreative hat für alles eine Idee. Er ist nicht zu bremsen.

- Das Opfer isoliert sich selbst, wird gemobbt und steht im Abseits.
- Der coole Typ trägt immer ein Käppi im Unterricht, obwohl er genau weiß, dass er es gleich abnehmen muss.
- Der Zuverlässige kann sich immer erinnern, was in der letzten Stunde Thema des Unterrichts war – selbst, wenn der Lehrer es vergessen hat.

- Der Schleimer hat stets ein nettes Wort für den Lehrer parat – schließlich tut er alles, um gute Noten zu bekommen.
- Der Nervende sucht um jeden Preis nach Aufmerksamkeit. Er wippt mit dem Stuhl, summt vor sich hin oder schneidet Grimassen.
- Der Anmacher genießt es, seine Mitschüler bloßzustellen. Er sorgt für Unfrieden und verpestet das Klassenklima.

- Der Provokateur ist aus Prinzip anderer Meinung und geht auf Konfrontationskurs. Auch äußerlich will er auffallen und sich von der Masse abheben.

Jugend heute

Diese heutige Jugend ist von Grund auf verdorben, sie ist böse, gottlos und faul. Sie wird nie wieder so sein wie die Jugend vorher und es wird ihr niemals gelingen, unsere Kultur zu erhalten.
(Babylon, etwa 5 000 Jahre alt)

Die Jugend achtet das Alter nicht mehr, zeigt bewusst ein ungepflegtes Aussehen, sinnt auf Umsturz, zeigt keine Lernbereitschaft und ist ablehnend gegen übernommene Werte. *(Altägyptischer Papyrus)*

Unsere Jugend ist heruntergekommen und zuchtlos. Die jungen Leute hören nicht mehr auf ihre Eltern. Das Ende der Welt ist nahe. *(Keilschrifttext aus Ur, Chaldäa, um 2 000 v. Chr.)*

Die Jugend liebt heute den Luxus. Sie hat schlechte Manieren, verachtet die Autorität, hat keinen Respekt mehr vor älteren Menschen und plaudert, wo sie arbeiten sollte. Die Jugend steht nicht mehr auf, wenn Ältere das Zimmer betreten. Sie widersprechen ihren Eltern, schwatzen in der Gesellschaft, verschlingen bei Tisch die Speisen, sind faul, legen die Beine übereinander und tyrannisieren die Lehrer.
(Sokrates, 470–399 v. Chr.)

„[...] auf ihrem Höhepunkt kennt die Jugend nur die Verschwendung, ist leidenschaftlich dem Tanze ergeben und bedarf somit wirklich eines Zügels. Wer nicht dieses Alter nachdrücklich unter seiner Aufsicht hält, gibt unmerklich der Torheit die beste Gelegenheit zu bösen Streichen", zu denen gehören „Unmäßigkeit im Essen, sich vergreifen am Geld des Vaters, Würfelspiel, Schmausereien, Saufgelage, Liebeshändel mit jungen Mädchen, Schändung verheirateter Frauen." Als Erziehungsmaßnahmen empfiehlt er „Hoffnung auf Ehre und Furcht vor Strafe [...] Diejenigen aber, die [...] gegen alle tadelnden Vorstellungen taub sind, muss man durch das Joch der Ehe zu fesseln versuchen."
(Plutarch, 45–125)

Die Unordnung und Unzufriedenheit haben zugenommen, die Merkfähigkeit und Konzentration haben nachgelassen, an vielen Schulen verbindet sich Gewalt mit Gleichgültigkeit und draußen machen sich Jugendliche „stark" gegen Ausländer, die rechtsstaatlich gehemmten Ordnungshüter. Sie bringen *unsere* Republik an die *Grenzen ihrer* Fassung. *(Hartmut von Hentig, 1993)*

Eure Generation deprimiert mich. Ihr seid langweilig und dröge. [...] Euch fehlt Kampfesmut und Abenteuerlust. [...] Ihr seid eine Heiapopeia-Jugend. *(Joschka Fischer)*

Sie haben es in Ihrem Berufsleben mit jungen Menschen zu tun. Was denken Sie über die Jugendlichen? Was denken sie und wie verhalten sie sich? Welche Werte sind ihnen wichtig? Was gibt ihrem Leben einen Sinn? Versuchen Sie, in einem prägnanten Satz auszudrücken, was Sie über die Jugend von heute denken!

Die Jugend von heute ...

Was wir vom finnischen Bildungssystem lernen können

Berufsethische Regeln für finnische Schulleiter (verabschiedet am 14.11.1996)

- Der Schulleiter kennt die Ziele, die die Gesellschaft der Schule gesetzt hat, und strebt danach, sie zu erreichen.
- Der Schulleiter schätzt jeden Einzelnen im Arbeitsumfeld als einzigartigen, unverletzlichen und gleichberechtigten Menschen.
- Der Schulleiter ist verantwortlich dafür, dass der Standpunkt des Schülers/des Lernenden respektiert wird.
- Der Schulleiter ist für die Sicherheit des Arbeitsumfeldes verantwortlich.
- Der Schulleiter strebt in seiner Tätigkeit danach, berufliches Können und die Wertschätzung des Berufes zu fördern.
- Der Schulleiter ist für das Unternehmen Schule verantwortlich.

Die Schulleiter müssen bei Amtsantritt mit ihrer Unterschrift den sechs oben stehenden berufsethischen Regeln zustimmen.

Das **Lehrer-Schüler-Verhältnis** wird in Finnland unter folgenden Gesichtspunkten gesehen:

- Der Lehrer zeigt sein Interesse für jeden einzelnen Schüler.
- Der Lehrer gibt Schülern die Möglichkeit, ihre Meinungen zu äußern.
- Der Lehrer unterstützt Schüler bei ihrer Arbeit.
- Der Lehrer unterrichtet so lange, bis die Schüler den Stoff verstehen.
- Der Lehrer unternimmt große Anstrengungen, um Schülern zu helfen.
- Der Lehrer hilft Schülern bei ihren Lernprozessen.

Eine wichtige Grundlage lautet: Man muss seine Schüler mögen – das ist die Basis für alles. Und: Qualität wird nicht nur an den Leistungen gemessen, sondern auch am Klima einer Schule.

Lehrerausbildung
In Finnland genießt der Lehrerberuf hohes Ansehen. Also ist es auch für viele junge Menschen erstrebenswert, Lehrer zu werden. 26 Prozent der Finnen wollen Lehrer werden. Die Universitäten führen strenge Auswahlverfahren durch, die verhindern, dass jemand Lehramt studieren kann, der nicht ausreichend motiviert ist. Es wird niemand Lehrer, weil er keinen anderen Studienplatz bekommen hat oder nicht wusste, was er sonst werden soll. Die Lehramtsanwärter werden getestet (z. B. Literatur- und Materialaufgaben, Essays, Einzel- und Gruppengespräche, Unterrichts- und andere Gruppensituationen sowie verschiedene Nachweise).
Alle werden interviewt und müssen Rede und Antwort stehen, warum sie Lehrer werden wollen. Außerdem müssen die Kandidaten ihre Kooperationsfähigkeit unter Beweis stellen. Das Studium (Klassenlehrer oder Fachlehrer) dauert fünf Jahre, endet mit dem Verfassen der Masterarbeit und besteht aus theoretischen und praktischen Teilen. Der Schwerpunkt beim Klassenlehrer ist Pädagogik. Es werden alle Fächer belegt, die in der Schule unterrichtet werden. Er spezialisiert sich im Laufe des Studiums auf ein oder zwei dieser Fächer. Der Fachlehrer spezialisiert sich frühzeitig und wählt ein Hauptfach und ein oder zwei Nebenfächer. Der Schwerpunkt liegt auf fachlichen Inhalten und weniger in der Pädagogik.

Ein Lehrer ist niemals allein

Du willst Lehrer werden?

Herzlichen Glückwunsch! Hoffentlich liebst du Rummelplätze und fühlst dich am wohlsten in überfüllten Schwimmbädern!? Dann bist du für deinen künftigen Beruf wie geschaffen: Denn: Ein Lehrer ist niemals allein!
Man ist im Klassenzimmer und Lehrerzimmer immer Mitglied eines Rudels.
Als Anfänger stellte man sich entspannte Pausen in einem modern eingerichteten Lehrerzimmer vor, wo man in aller Ruhe einen Kaffee trinkt und dann gestärkt und motiviert in die Klasse zurückkehrt.
Gibt es Werbungen mit diesem Bild oder wie konnte es bloß in meinem Kopf entstehen?

Die Wirklichkeit sieht anders aus:
Der Lehrer wankt nach einer oder mehreren aufreibenden Schulstunden, die er zusammen mit 26 bis 32 heranwachsenden Menschen verbracht hat, aus dem Klassenzimmer und bahnt sich durch schubsende, drängelnde und vor allem schreiende Kinder und Jugendliche seinen Weg zum Lehrerzimmer.
In modernen Schulen heißen kleine Ableger des Lehrerzimmers übrigens gerne „Lehrerstützpunkt". Diese befinden sich ganz in der Nähe der Klientel, also neben oder zwischen den Klassenzimmern. (Militärisch gesehen befinden sich Stützpunkte im eigenen Land, aber auch auf fremdem Territorium, sie sind in der Regel abgesichert und der Zugang von Zivilisten ist beschränkt oder verboten.)

Hier ist es voll, laut und hektisch. Jeder Hereinkommende stöhnt oder jammert über irgendwelche interschulischen Zwischenfälle. Meist hört ihm niemand zu.
Das Telefon klingelt penetrant. Telefonate mit Eltern („Nein, er hatte Unterricht! Ja, zur ersten Stunde! Bei mir!"), dem Jugendamt („Sie hat sich natürlich nicht beim Anti-Aggressionstraining angemeldet!") oder einem Arzt („War Ahmad heute in Ihrer Praxis? Sein Attest sieht selbst geschrieben aus!") werden mit vollem Stimmeinsatz geführt, da es sonst fast unmöglich ist, sich zu verständigen. In der Zwischenzeit bummern Schüler an die Tür („Ist Frau M. da? Ich hab voll Fußschmerzen!").

Man versucht, sich auf die nächste Stunde zu besinnen, saust noch mal an den Kopierer (besetzt), schluckt ein halbes Käsebrötchen fast unzerkaut herunter, wirft einen Blick auf den Vertretungsplan, angelt ein paar Zettel aus dem Brieffach, trinkt einen Schluck lauwarmen Kaffee und wehrt die Attacke eines Kollegen ab („Nein Eduard, jetzt nicht, ja, er ist zwar in meiner Klasse, aber ich habe ihn nicht zur Welt gebracht!") – Erholung sieht anders aus.

Ein Lehrer ist niemals allein – introvertierte Typen sollten sich lieber gleich ans Schulamt bewerben.

Allerdings – wem all das nichts ausmacht, der geht nach der Schule zum Abspannen in ein überfülltes Café, am liebsten natürlich mit Kollegen.

Kränkungen

Zwei Freunde wanderten durch die Wüste.
Während der Wanderung kam es zu einem Streit
und der eine schlug dem anderen im Affekt ins Gesicht.

Der Geschlagene war gekränkt.
Ohne ein Wort zu sagen, kniete er nieder
und schrieb folgende Worte in den Sand:

„Heute hat mich mein bester Freund ins Gesicht geschlagen."

Sie setzten ihre Wanderung fort und kamen bald darauf zu einer Oase.
Dort beschlossen sie, ein Bad zu nehmen.
Der Freund, der geschlagen worden war,
blieb auf einmal im Schlamm stecken und drohte zu ertrinken.
Aber sein Freund rettete ihn buchstäblich in letzter Minute.

Nachdem sich der Freund,
der fast ertrunken war,
wieder erholt hatte,
nahm er einen Stein und ritzte folgende Worte hinein:

„Heute hat mein bester Freund mir das Leben gerettet."

Der Freund, der den anderen geschlagen und gerettet hatte,
fragte erstaunt:
„Als ich dich gekränkt hatte,
hast du deinen Satz nur in den Sand geschrieben,
aber nun ritzt du die Worte in einen Stein. Warum?"

Der andere Freund antwortete:
„Wenn uns jemand gekränkt oder beleidigt hat,
sollten wir es in den Sand schreiben,
damit der Wind des Verzeihens es wieder auslöschen kann.
Aber wenn jemand etwas tut, was für uns gut ist,
dann können wir das in einen Stein gravieren,
damit kein Wind es jemals löschen kann."

Quelle unbekannt

Es

Pädagogische Brillen

	Beispiele
Die inhaltliche Brille 	• fachliche Relevanz und sachliche Richtigkeit der Unterrichtsinhalte • inhaltlicher Schwierigkeitsgrad und Ertrag • sachlogischer Aufbau der Stunde • Zusammenhang zur Unterrichtsreihe • Bildungswert der Inhalte (Gegenwarts- und Zukunftsbedeutung für die Schüler, ...)
Die formale Brille 	• Ablauf und Struktur der Stunde • Eignung eingesetzter Medien und adäquater Umgang • fachdidaktische Methoden (Textarbeit, Schüler- / Lehrerexperiment) • Sozialformen des Unterrichts (Frontalunterricht, Einzelarbeit, Partnerarbeit, Gruppenarbeit, ...)
Die interaktive Brille 	• Gesprächsführung: Unterrichtsgespräch, fragend-entwickelnd, impulssetzend, ... • Schüler-Schüler-Interaktion: Schülervortrag, Schüler-Schüler-Diskussion, ... • Kommunikation in Schülergruppen • nonverbale Interaktion
Die sozial-emotionale Brille 	• Unterrichtsatmosphäre, Lernklima • Wertschätzung der Schüler und ihrer Leistungen, Lob und Verstärkung • affektive Ziele und Lernprozesse • Motiviertheit, „Begeisterung" für die Sache bei Lehrer und Schülern • Lehrperson als „Vorbild"
Die Leitungsbrille 	• Prozessregulierung durch den Lehrer • Steuerungsfähigkeit • Durchsetzungsvermögen • Umgang mit Störungen • Annahme der Lehrerrolle

Quelle unbekannt

Lob des Frontalunterrichts

Viel wird heute geredet vom selbstständigen Lernen der Schüler. Handlungsorientierung, Gruppenarbeit, Referate, Rollenspiele, Stationenlernen und alle möglichen Experimente und Methodenschnickschnack bestimmen den modernen Unterricht.

Ich bin da ein wenig altmodisch, denn: Ich bin in meinem Unterricht die Methode. Ich übernehme das Steuer. Ich gebe die Richtung vor, trete aufs Gas und bremse, wann ich will.

Ich trage das Wissen vor und bringe die Schüler durch mein geschicktes Fragen und ihre Antworten weiter. Wir haben ein Schulbuch und eine Tafel zur Verfügung. Das genügt. Neue Medien wie Filme, Internet oder Beamer sind zu aufwendig und verwirren die Schüler nur. Meine Vorträge sind gut vorbereitet und klar strukturiert. Anschauungsmaterialien verdeutlichen so manche Unklarheiten.
Der Unterricht ist zielgerichtet und effektiv. Zusammenhänge, Fragestellungen und Problemlösungen werden von mir sachlich vorgetragen. Alles ist nachvollziehbar und die Schüler wissen immer, woran sie sind. Bei mir gibt es keine organisatorischen oder disziplinarischen Schwierigkeiten, keine Hektik und keinen Stress, denn ich bin der Boss. Ich habe alles im Griff. Ich bestimme das Thema und das Unterrichtsgeschehen. Den Lernprozess und das Verhalten der Schüler habe ich ständig unter Kontrolle. Sie folgen stets diszipliniert und konzentriert dem Unterrichtsgeschehen. Ich habe kein Problem mit zu großen Klassen. Ob 20, 30 oder 60 Schüler – meine bewährte Methode behalte ich bei.
Ich garantiere einen gleichmäßigen Lernfortschritt aller Schüler in derselben Zeit. Nein, es gibt keine Passivität und Langeweile unter den Schülern. Meine Show, wie es moderne Pädagogen vielleicht nennen würden, begeistert alle. Es gibt keine unnötigen Ablenkungen, denn der ritualisierte Unterricht verschafft den Schülern Sicherheit.

Ich empfehle allen Neulingen im Unterrichtsgeschäft diesen lehrerzentrierten Unterricht. Er ist einfach und unkompliziert in der Vorbereitung und Durchführung. Viel Stoff in kürzester Zeit ist garantiert. Probieren Sie es!

Meine Erwiderung:

Wichtige Verhaltensregeln im Umgang mit Schülern

- Konzentriere dich nicht ausschließlich auf die Fehler deiner Schüler, sondern würdige auch, was sie schon können.
- Sei offen für andere Meinungen. Es gibt nicht nur die eine richtige Betrachtungsweise.
- Gehe mit gutem Beispiel voran und behandle deine Schüler mit Respekt.
- Akzeptiere, dass auch dir Grenzen gesetzt sind. Du kannst nicht alles verändern.
- Es gibt immer einen Grund dafür, warum sich ein Schüler so verhält. Versuche, diesem nachzugehen.
- Erzeuge Überraschungsmomente, denn so gewinnst du die Aufmerksamkeit deiner Schüler.

Statistik

In einer durchschnittlichen Unterrichtsstunde

- erteilt der Lehrer 50 Anordnungen bzw. Befehle,
- richtet er 50 bis 75 Fragen an die Lerngruppe,
- stellt er 15- bis 20-mal Sätze unvollendet in den Raum, um sie von Schülern zu Ende sprechen zu lassen,
- beträgt der Sprechanteil der Lehrer zwei Drittel,
- trifft der Lehrer ca. 200 Entscheidungen,
- bewältigt er 15 erzieherische Konfliktsituationen.

Und der Lehrer fragt gerne:

- 20 % sind organisatorische Fragen,
- 60 % sind Faktenfragen und fordern die Schüler auf, ihr Wissen zu zeigen und zu reaktivieren,
- 20 % sind Fragen, die die Schüler zu eigenem Denken anregen.

Die Gruppenarbeitsallergie

Wir sind uns in unserer Klasse nicht immer einig, aber eines schweißt uns zusammen: der Hass auf die Gruppenarbeit. Doch lieber von Anfang an. Wir sind in der Klasse 12 insgesamt 24 Schüler. Wir haben gemeinsam in den vielen Jahren einiges erlebt. So haben wir schon eine Menge an Lehrpersonen ertragen müssen. Natürlich waren auch gute darunter. Doch die hat man uns meist nach einem Jahr weggenommen. Das zeigt schon, wie flexibel Schüler heute sein müssen.

Besondere Erlebnisse haben wir mit der Vielzahl an Lehrern in Ausbildung bzw. Referendaren gehabt. Wir kennen sie alle, die Möchtegernlehrer. Die Schüchternen, die Verzweifelten, die Besserwisser, die Streber, die Schleimer, die Sympathischen, die Zicken, die Schülerfreunde, die Beleidigten und die Loser. Eines aber haben alle gemeinsam: Sie bringen eine Menge Unordnung und Chaos in eine Klasse.

Es gab verzweifelte Bitten unseres Klassensprechers an die Schulleitung, uns in diesem Jahr mit den Azubis zu verschonen. Wir wollen kein Experimentierfeld für werdende Lehrer sein. Wir wollen den Stoff verstehen, einigermaßen ordentliche Noten schreiben und den Abschluss packen. Sonst nichts!

Unser Klassenelternsprecher hat sogar einen Brief an den Minister geschrieben. Er erhielt aber keine Antwort. Der verrückteste Vorschlag kam von meiner Mutter, die eine Demonstration organisieren wollte unter dem Motto „Verschont unsere Kinder mit den Referendaren!".

Es sind ja doch überwiegend liebe Menschen, diese Lehramtsanwärter, doch sie nerven, sobald sie den Klassenraum betreten. Alles ist bei ihnen genau durchdacht und geplant. Meist sogar bis auf die Minute genau. Am schlimmsten ist es, wenn die Ausbilder und Prüfer hinten sitzen. Meistens proben wir den Ablauf der Stunde vorher. Doch fast immer verläuft sie beim zweiten Mal anders.

Explosionsgefahr bei uns Schülern besteht bei dem Satz „Setzt euch bitte in Gruppen zusammen und lest euren Arbeitsauftrag!" Na wunderbar! Wofür werden die eigentlich bezahlt? Um uns arbeiten zu lassen? Nach der Arbeitsphase, die in der fünften und sechsten Klasse noch für Abwechslung im tristen Schulalltag sorgte, kommt immer die Präsentation. Jede Gruppe erzählt, was sie erarbeitet hat. Und was haben wir gelernt?

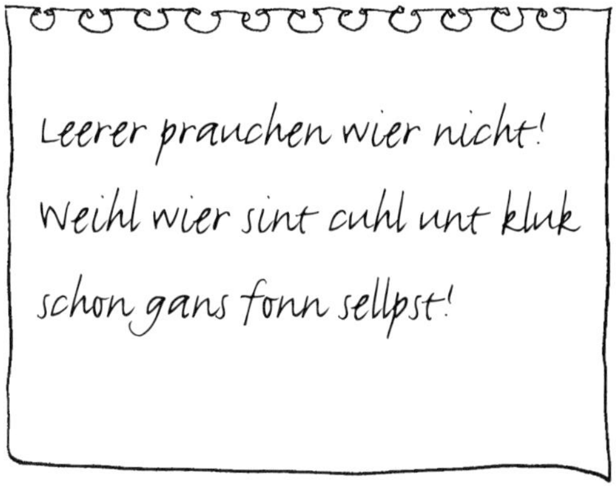

Unerledigte Korrekturen

Da liegen die Papier- und Heftstöße auf dem Schreibtisch und lachen mich Tag für Tag an. Doch ich finde immer wieder eine neue Ausrede, das Korrigieren zu verschieben. Und dann kommen die unangenehmen Fragen der Schüler, die irgendwann nur noch nerven. „Bekommen wir heute die Arbeiten zurück?" Was soll ich sagen? „Das nächste Mal habe ich sie dabei!" Ich weiß genau, dass dies eine sehr vage Behauptung ist. Und dann kommt noch der Nachtritt: „Frau Schimmerling gibt ihre Arbeiten innerhalb weniger Tage zurück." Ich bewundere diese fleißigen Kollegen. Und noch mehr bewundere ich den Sportkollegen, der diesen Aufwand nicht betreiben muss.
Dabei ist das Korrigieren selbst nicht das Problem, sondern dass ich als Lehrer keinen festgelegten Termin habe. Ich habe die Freiheit, die Zeit festzulegen. Doch lieber schiebe ich und schiebe und schiebe.
Das Korrigieren ist vor allem eine Sache der Disziplin, die früh eingeübt werden sollte. Oder es ist eine Sache der geschickten Ausreden. Auch das kann gelernt werden.

Es gereicht dem Lehrenden zur Ehre, wenn er die Wahrheit sagt („Ich war leider zu faul!"), denn billige Lügen werden von den Schülern sofort durchschaut („Ich habe die Arbeiten auf dem Schreibtisch liegen lassen!").

Es ist aber wegen der eigenen Psychohygiene von Vorteil, sich bereits in der Ausbildungsphase gute Ausreden anzueignen und diese auch auszuprobieren und zu verfeinern.

- „Die Arbeit ist sehr schlecht ausgefallen. Ich muss mich nochmals hinsetzen und in Ruhe die Notengebung überdenken!"
  Das wirkt sehr menschlich und Sie punkten bei den Schülern als gnädiger Lehrer.
- „Ich stecke momentan in einer Lebenskrise und habe wichtigere existenzielle Probleme zu bewältigen als eine Klassenarbeit!"
  Durch eine solche Aussage können Sie Mitleid bei den Schülern erzeugen. Die Ausrede sollte allerdings nicht zu oft genutzt werden.
- „Ich sehe momentan keinen Sinn mehr darin, diese Arbeit zu korrigieren. Vielleicht sollte ich neue Methoden zur Leistungsmessung einführen. Was meint ihr dazu?"
  Das ist natürlich ein billiges Ablenkungsmanöver, aber manche Klassen lassen sich durch solche Diskussionen gut ablenken.

Mein persönliches Ausreden-Repertoire:

Belastungsfaktoren

Die Grazer Erziehungswissenschaftlerin Alexandra Wieser nennt fünf Hauptursachen für die Entstehung von Burn-out bei Lehrern:

Enttäuschte Erwartungen

Die Arbeit von Lehrern wird nur selten honoriert. Lehrer investieren zwar viel Zeit und Energie in ihren Job, doch es gibt wenig positive Rückmeldungen für ihre Arbeit.

Von wem wünschen Sie sich ab und zu eine lobende Anerkennung für Ihre Arbeit?

Geringe Gestaltungsmöglichkeiten im Schulsystem

Das System Schule bietet viele starre und formale Vorgaben, die die Entfaltung von neuen Ideen einengen (45-Minuten-Stunde, vorgegebene Notenskalen, Lehrpläne etc.). Jeder Idealismus gerät an seine Grenzen bzw. wird im Keim erstickt.

Wo und wie würden Sie sich gerne in Ihrer Schule engagieren?

Keine Teamarbeit

Lehrer sind immer noch Einzelkämpfer, die in ihren Klassenräumen alleine agieren. Zusammenarbeit in Teams ist eher eine Seltenheit.

Mit welchem Kollegen bzw. welcher Kollegin würden Sie gerne intensiver zusammenarbeiten?

Keine Freiräume zum Abschalten

Viele Lehrer tun sich mit der Trennung von Arbeit und Freizeit schwer. Da die allerwenigsten Schulen ihren Lehrern Arbeitsräume zur Verfügung stellen, ist in der eigenen Wohnung der Beruf überall und immer präsent (nicht korrigierte Klassenarbeiten, Unterrichtsvorbereitung u.a.).

Wie stellen Sie sich Ihren Traumarbeitsplatz vor?

Fehlende pädagogische Eignung

So mancher Lehrer hat seinen Beruf aus Mangel an sinnvollen Alternativen oder aus ganz pragmatischen Gründen (Ferien, sicherer Arbeitsplatz) gewählt. Dabei bleibt die pädagogische Eignung bisweilen auf der Strecke.

Warum ist Lehrer Ihr Traumberuf?

Der „Kanon"

Gottlieb Leuchtenberger, Königlich Preußischer Gymnasialdirektor, stellte im Jahre 1889 einen „Kanon pädagogischer und didaktischer Grundregeln für Kandidaten und jüngere Lehrer" zusammen. Sicherlich finden sich dabei auch einige Tipps für heutige Pädagogen.
Hier ein kleiner Auszug:

- Gehe nie in eine Stunde ohne Vorbereitung!
- Vergegenwärtige dir erstens, was du zunächst zu wiederholen und welche häusliche Aufgabe du zu kontrollieren hast!
- Sodann überschaue, sichte und ordne den Stoff, den du neu darbieten, klarmachen und entweder einüben oder dem Gedächtnis der Schüler aneignen willst, und zerlege ihn in die Abschnitte (kleine Einheiten), in denen du ihn der Klasse glaubst am besten bieten zu können!
- Nach jeder Stunde gib dir genau Rechenschaft von dem Gang, den die Stunde genommen hatte!
- Die Unterrichtsstunde hast du gleich nach dem Glockenzeichen zu beginnen und gleich nach dem Glockenzeichen zu schließen.
- Fange den Unterricht nicht an, bis alle Schüler gerade sitzen!
- Vermeide Abschweifungen und bleibe streng bei der Sache!
- Wo du irgend Gelegenheit hast, unterstütze das, was du sagst, durch das, was du zeigst: Karten, Bilder, Modelle und dgl.; vor allem aber die Schultafeln sind dazu da.
- Deine Fragen sind an alle Schüler gestellt. Darum mache nach jeder eine kurze Pause: Dann erst rufe den Einzelnen auf, der deine Frage beantworten soll!
- In jeder Stunde muss möglichst jeder Schüler gefragt werden oder irgendwie „drankommen". Es ist ein großer Fehler, zehn Schülern je fünf Fragen zu geben und 30 Schülern gar keine.
- An Fragen, auf die nur ein Ja oder Nein folgen soll oder kann, gewöhne dich nicht!
- Unterbrich den Schüler nicht beim ersten halben oder schiefen Ausdruck, sondern lass ihn seinen Satz beenden, und wenn er mehrere Sätze zu sagen hat, so lass ihn diese alle beenden, ehe du verbessern oder ergänzen lässt!
- Zeige dich deinen Schülern gegenüber stets als gebildeter Mann! Lass dich ihnen gegenüber ja nicht in vulgären Redensarten gehen!
- Habe keine Lieblinge und möge keinen „nicht leiden"!
- Sei immer eingedenk, dass du nicht deine Redefertigkeit zeigen, sondern deinen Schülern die Zunge lösen sollst!
- Wolle nicht dich zur Geltung bringen, sondern die Sache!
- Erwecke Interesse und du brauchst wenig besondere Mittel der Disziplin im Unterricht.
- Rechne nicht auf schnellen Erfolg! Werde nicht missmutig, ungeduldig, verzagt! Suche den Grund mangelnder Erfolge immer zum großen Teil auch bei dir!
- Brich nicht so leicht den Stab über einen Schüler!
- Klassenarbeiten müssen aufs Sorgsamste mit den Schülern vorbereitet sein, dürfen nicht Regeln unnatürlich gehäuft bieten und müssen kurz genug sein, um mit Ruhe und Sammlung angefertigt werden zu können.

Die Schule der Tiere

Es gab einmal eine Zeit, da hatten die Tiere eine Schule. Der Unterricht bestand aus Rennen, Klettern, Fliegen und Schwimmen, und alle Tiere wurden in allen Fächern unterrichtet.

Die Ente war gut im Schwimmen, besser sogar als der Lehrer. Im Fliegen war sie durchschnittlich, aber im Rennen war sie ein besonders hoffnungsloser Fall. Da sie in diesem Fach so schlechte Noten hatte, musste sie nachsitzen und den Schwimmunterricht ausfallen lassen, um das Rennen zu üben. Das tat sie so lange, bis sie auch im Schwimmen nur noch durchschnittlich war. Durchschnittliche Noten waren aber akzeptabel, darum machte sich niemand Gedanken darum, außer der Ente.

Der Adler wurde als Problemschüler angesehen und unnachgiebig und streng gemaßregelt, da er, obwohl er in der Kletterklasse alle anderen darin schlug, darauf bestand, seine eigene Methode anzuwenden.

Das Kaninchen war anfänglich im Laufen an der Spitze der Klasse, aber es bekam einen Nervenzusammenbruch und musste von der Schule abgehen wegen des vielen Nachhilfeunterrichts im Schwimmen.

Das Eichhörnchen war Klassenbester im Klettern, aber sein Fluglehrer ließ ihn seine Flugstunden am Boden beginnen anstatt vom Baumwipfel herunter. Es bekam Muskelkater durch Überanstrengung bei den Startübungen und immer mehr „Dreien" im Klettern und „Fünfen" im Rennen.

Die mit Sinn fürs Praktische begabten Präriehunde gaben ihre Jungen zum Dachs in die Lehre, als die Schulbehörde es ablehnte, Buddeln in den Unterricht aufzunehmen.

Am Ende des Jahres hielt ein anormaler Aal, der gut schwimmen und etwas rennen, klettern und fliegen konnte, als Schulbester die Schlussansprache.

Arthur Thömmes: Das Mutmach-Buch für Referendare

Sinnvolle Zeitfüller

Ist Ihnen die Fachseminarsitzung oder die Gesamtkonferenz zu langweilig, können Sie dem durch unterhaltsame Beschäftigungen entgegenwirken. Durch Konzentrations- und Gedächtnistraining können Sie die Zeit sinnvoll nutzen. Hier einige kreative Vorschläge:

- Sprechen Sie das Alphabet in umgekehrter Reihenfolge.

- Merken Sie sich die Namen der Teilnehmer, schließen Sie die Augen und sagen Sie diese auswendig auf.

- Buchstabieren Sie die Namen der Teilnehmer rückwärts.

- Notieren Sie zu jedem Kollegen einen lustigen Vierzeiler.

- Ordnen Sie die Namen der Teilnehmer alphabetisch, nach Alter oder Schulerfahrung.

- Tippen Sie mit der Spitze des Daumens jeweils auf die Fingerspitzen der restlichen Finger der rechten bzw. linken Hand. Der Weg führt vom Zeigefinger bis zum kleinen Finger und wieder zurück. Führen Sie die Übung abwechselnd mit der linken und rechten Hand nacheinander durch. Dabei können Sie die Geschwindigkeit Schritt für Schritt erhöhen. Sie können die Übung auch mit beiden Händen gleichzeitig durchführen oder in verschiedenen Richtungen.

- Merken Sie sich einen wichtigen Satz. Sprechen Sie ihn abwechselnd vorwärts und rückwärts. Wenn Sie besonders fit sind, können Sie auch zusätzlich jedes Wort rückwärts buchstabieren.

- Wer benutzt die meisten Fachbegriffe? Notieren Sie den Begriff, den Namen und die Häufigkeit.

- Fertigen Sie ein Protokoll der Sitzung an, indem Sie sich Notizen machen. Schreiben Sie dabei mit der Hand, die Sie sonst zum Schreiben nicht verwenden. Der besondere Tipp: Versuchen Sie es spiegelverkehrt.

- Legen Sie die Tagesordnung oder ein Arbeitspapier auf dem Kopf liegend vor sich hin und lesen Sie den Text.

- Sprechen Sie die Redebeiträge zeitversetzt nach. Aber bitte leise!

- Achten Sie auf ein bestimmtes Wort und zählen Sie, wie oft es genannt wird.

- Diese Übung beansprucht als weitere Fingerübung wieder die Koordination und die

Konzentration. Hierzu biegt man den Zeigefinger, den Mittelfinger und auch den Ringfinger der rechten Hand nach innen in Richtung Handfläche. Bei der linken Hand werden Daumen, kleiner Finger und der Ringfinger umgebogen. Nun gilt es, diese Positionen zu wechseln, also die Fingerstellung der einen Hand auf die der anderen zu übertragen und umgekehrt. Es ist erstaunlich, wie anspruchsvoll diese Übung sein kann.

- Stoppen Sie die Zeit der Redebeiträge. Wer wird der Tagessieger?
- Machen Sie sich Gedanken darüber, was in der letzten, vorletzten, vorvorletzten Sitzung usw. besprochen wurde, und schmücken Sie dies gedanklich aus.
- Beobachten Sie einen Gegenstand eine Minute lang. Schließen Sie die Augen und versuchen Sie, ihn möglichst genau zu beschreiben.
- Schauen Sie – falls möglich – aus dem Fenster und beobachten Sie die vorbeiziehenden Wolken. Stellen Sie sich dabei die unterschiedlichsten Formen vor.
- Mit welchem Tier vergleichen Sie die Teilnehmer der Sitzung? Ein anregendes Gedankenspiel.
- Notieren Sie die sechs nervigsten Kollegensprüche.
- Notieren Sie, was schlimmer sein könnte als diese Sitzung.

Bullshit Bingo

Jeder Referendar fertigt sich eine Fünf-mal-fünf- (oder Zehn-mal-zehn-)Tabelle an und trägt vorher vereinbarte Begriffe wie *affektiv* – *Einstiegsphase* – *Erarbeitungsphase* – *handlungsorientiert* – *kognitiv* – *Lehrerrolle* – *Lehrerverhalten* – *Leistungsebene* – *Leistungsstand* – *Lernziel* – *L-S-Gespräch* – *produktiv* – *schülerzentriert* – *Tafelbild* – *Unterrichtsstörung* etc. ein.

Diese haben alle Referendare in jeder Fachsitzung vorliegen. Jedes Mal, wenn der Fachleiter einen der Begriffe nennt, kreuzt man ihn in der Tabelle an. Hat man eine Reihe von drei Begriffen nebeneinander angekreuzt (waagerecht, horizontal oder diagonal), springt man auf, wirft die Arme in die Luft und brüllt: „Bullshit Bingo!"

Wem dies am häufigsten in einer Sitzung gelingt, der hat erstens am besten aufgepasst (das gibt auch dem Fachleiter eine gute Kontrolle!) und der wird zweitens zum Helden des Tages gekürt.

Statt aufzuspringen und laut zu jubeln, können natürlich auch heimliche Handzeichen vereinbart werden.

Wenn ein Kind ...

Wenn ein Kind kritisiert wird, lernt es, zu verurteilen.
Wenn ein Kind angefeindet wird, lernt es, zu kämpfen.
Wenn ein Kind verspottet wird, lernt es, schüchtern zu sein.
Wenn ein Kind beschämt wird, lernt es, sich schuldig zu fühlen.
Wenn ein Kind verstanden und toleriert wird, lernt es, geduldig zu sein.
Wenn ein Kind ermutigt wird, lernt es, sich selbst zu vertrauen.
Wenn ein Kind gelobt wird, lernt es, sich selbst zu schätzen.
Wenn ein Kind gerecht behandelt wird, lernt es, gerecht zu sein.
Wenn ein Kind geborgen lebt, lernt es, zu vertrauen.
Wenn ein Kind anerkannt wird, lernt es, sich selbst zu mögen.
Wenn ein Kind in Freundschaft aufgenommen wird, lernt es, in der Welt Liebe zu finden.

Text über dem Eingang einer tibetischen Schule

Lehrerbeurteilungen

Guter Unterricht: Hast du das Gefühl, im Unterricht etwas gelernt zu haben, oder schwirren nachher 1 000 Fragezeichen in deinem Kopf herum? Ist der Unterricht spannend und interessant gemacht?

Cool und witzig: Ist der Unterricht locker und interessant oder zum Einschlafen? Wer lernt nicht besser, wenn der Lehrer auch mal einen guten Witz reißt?

Gut vorbereitet: Auch Lehrer haben Hausaufgaben: Sie müssen sich für den Unterricht am nächsten Tag vorbereiten! Kommen sie also gut vorbereitet und mit kreativen Ideen zum Unterricht oder müssen sie erst mal fragen, was in der letzten Stunde so gemacht wurde?

Motiviert: Motivation ist alles! Überrascht euch der Lehrer mit guten Ideen zu jeder Stunde? Sind die Arbeiten immer schnell korrigiert? Oder besteht der Unterricht nur aus dem Abschreiben uralter Folien?

Fachlich kompetent: Egal, was man den Lehrer fragt, er hat immer die richtige Antwort parat. Kennt er Dinge, die bei „Wer wird Millionär?" erst ab 250 000 Euro gefragt werden? Oder ist „weiß ich nicht genau" eine der häufigsten Antworten?

Wie beurteilen Sie sich selbst?

- guter Unterricht
- cool und witzig
- fachlich kompetent
- faire Noten
- faire Prüfungen
- gut vorbereitet
- menschlich
- beliebt
- motiviert
- vorbildliches Auftreten

Fragen Sie anschließend Ihre Schüler, was sie von Ihnen und Ihrem Unterricht halten. Nur Mut!

Übrigens: Die Bereitstellung von Möglichkeiten zur Bewertung von Lehrern in einem Schüler-Portal mit Kriterien wie „guter Unterricht", „fachlich kompetent", „motiviert", aber auch mit Bewertungen wie „beliebt" und „vorbildliches Auftreten" stellen keinen unzulässigen Eingriff in das allgemeine Persönlichkeitsrecht betroffener Lehrer dar. (OLG Köln)

Arbeit sollte möglichst Spaß machen

Wenn man etwas nicht gerne macht,

- macht man es nicht gut,
- macht man es gar nicht,
- macht man es verspätet (verschiebt es immer),
- wird man die Inhalte nicht gestalten, sondern nur verwalten,
- wird man eine schlechtere Performance haben,
- wird man permanent dieses in der Priorität zurückstufen,
- wird es immer eine Last sein,
- wird es anstrengend sein,
- wird man nicht dranbleiben,
- wird man sich ständig überfordert fühlen.

Wenn man etwas gerne macht,

- macht man es gut,
- wird man sich kontinuierlich verbessern,
- wird es keine Last sein,
- wird man ein Flow-Erlebnis haben und intrinsische Motivation entwickelt sich,
- wird während der Tätigkeit Energie zufließen,
- wird man sich nicht beklagen,
- wird man sich nicht überfordert fühlen,
- will man sich weiterentwickeln.

Konsequenz: Möglichst solche Arbeitsmosaiksteinchen verknüpfen, bei denen man Herzblut hat, wo die Arbeit Spaß macht, wo man sich kompetent fühlt. Es ist leichter, Arbeitsmosaiksteinchen zu verändern als Menschen.

Was Sie in guten Gesprächen vermeiden sollten

moralisieren diagnostizieren bagatellisieren egozentrieren

generalisieren interpretieren ausfragen

drohen belehren ausweichen ablenken rationalisieren

Ratschläge erteilen ignorieren Vorwürfe machen

Der Praxisschock

Da komme ich aus der feinen universitären Welt der didaktischen Modelle und Lehr-Lern-Umgebungen und stelle plötzlich fest, dass ich es während der gesamten Arbeitszeit mit Kindern zu tun habe. In einem Käfig eingeschlossen mit verhaltensauffälligen, desinteressierten, unmotivierten, unaufmerksamen, disziplinlosen, provozierenden, aggressiven, lärmenden, frechen, respektlosen, mobbenden und raufenden kleinen Bestien mit Konzentrationsstörungen, gestörtem Sozialverhalten und mangelhafter Kenntnis der deutschen Sprache.

Aber da war doch noch etwas, das ich gelernt habe:
Kinder, die Sorgen machen, haben Sorgen.

Jäger und Sammler

Wenn ich danach gefragt werde, wann ich meinen Unterricht vorbereite, antworte ich stets mit einem Wort: „Immer!" Ganz selten sitze ich stundenlang am Schreibtisch und brüte über der Unterrichtsvorbereitung. Man kennt diese Mär vom bis spät in die Nacht korrigierenden und vorbereitenden Lehrer. Das entspricht durchaus der Wirklichkeit. Doch es geht einfacher, denn die Welt ist voller Ideen. Und so sollte ein Lehrer stets mit allen Sinnen durch die Welt gehen. Ein guter Lehrer sollte vor allem ein Jäger und Sammler sein. Das beginnt bei mir bereits bei der morgendlichen Zeitungslektüre. Die Welt springt mir in den Kopf und ich entwickle beiläufig neue Ideen für einen motivierenden Unterricht. Es setzt sich fort in den vielen Begegnungen, Beobachtungen und Gesprächen im Laufe des Tages. Manchmal nehme ich so viel wahr, dass ich mir Notizen machen oder die Gedanken mit dem Handy aufnehmen muss. Auch sollte ein Lehrer durchaus offen sein für die Welt der Medien. Ob Fernsehen, Kino, Musik oder Facebook – sie bilden alle die Wirklichkeit in ihrer eigenen Form ab. Und dort bewegen sich die Schüler, die morgens verschlafen vor mir sitzen. Man spricht in der modernen Didaktik gerne von Handlungsorientierung, die einen guten Unterricht lebensnah und lebendig machen soll. Also nicht nur Stoff abarbeiten und abfragen, sondern ganzheitlich und schüleraktiv unterrichten.

Mein Tipp: Augen auf und jagen und sammeln!

Meine persönliche Bastelanleitung für guten Unterricht

Man nehme ...

Ein Mensch sagt – und ist stolz darauf –
er geht in seinen Pflichten auf.
Bald aber, nicht mehr ganz so munter,
geht er in seinen Pflichten unter.

Eugen Roth

Wenn du eine Stunde lang glücklich sein willst, schlafe.
Wenn du einen Tag lang glücklich sein willst, gehe fischen.
Wenn du eine Woche lang glücklich sein willst, schlachte ein Schwein.
Wenn du einen Monat lang glücklich sein willst, heirate.
Wenn du ein Jahr lang glücklich sein willst, erbe ein Vermögen.
Wenn du ein Leben lang glücklich sein willst, liebe deine Arbeit.

Chinesisches Sprichwort

Berufsfrager

oder die Angst des Schülers vor der Lehrerfrage

Eine der Haupttätigkeiten von Lehrern ist das Fragen. Das erscheint zunächst recht einfach, ist aber in Wirklichkeit eine große Kunst. Es geht nicht um das Ausfragen oder das Demonstrieren vonseiten des Lehrers, dass er der Herr der Antworten ist. Richtiges Fragen will die Schüler weiterbringen, ihnen dazu verhelfen, sich im Dschungel des Wissens zurechtzufinden. Und irgendwann sollen sie selbst auch die richtigen Fragen stellen können, um sich kompetent zu entwickeln.

Mit den folgenden Fragetypen sollten Sie vorsichtig umgehen:

Kettenfragen

Sie stellen mehrere Fragen hintereinander und durchsetzen diese noch mit sachlichen Informationen. Das verwirrt die Schüler dermaßen, dass sie nicht mehr wissen, was Sie überhaupt gefragt haben.

Suggestivfragen

Hier handelt es sich um keine wirkliche Frage, die nach einer Antwort verlangt, denn diese liefern Sie bereits mit der Frage. Sie wollen lediglich die Zustimmung der Schüler („Seid ihr auch der Meinung, dass ...?").

Echofragen

Hier handelt es sich um einen typischen Anfängerfehler: Sie wiederholen die Schülerantworten. Sie verfeinern dies aber noch, indem Sie die wiederholte Antwort in eine Frage verpacken.

Stocherfragen

Das kann Schüler zur Verzweiflung bringen, denn die zu erwartende Antwort wird durch immer neue und nervige Lehrerfragen eingekreist. So kann das lästige Stochern dazu führen, dass die richtige Antwort zum Glück gefunden wurde oder dass die Schüler sprachlos werden und aufgeben.

Ratefragen

Manchmal wird das Fragen zu einer Ratestunde und die Schüler kommen sich vor wie in einem Quiz. Der Lehrer will einen bestimmten Begriff hören und genau diesen sollen die Schüler nennen. Das wirkt demotivierend und die Schüler neigen dazu, sich zu verweigern.

Scheinfragen

In Wirklichkeit handelt es sich dabei nicht um Fragen. Sie wollen damit als Lehrer den Schülern etwas mitteilen, sie loben oder tadeln. Auch Ironie kann so geschickt verpackt werden.

Killerfragen

Das ist eine recht fiese Fragetechnik, die fast jeder Schüler fürchtet. Hier demonstriert der Lehrer seine Macht, indem er mit einer Frage auf der Inhaltsebene ein anders geartetes Problem mit einem Schüler klären will und ihn so bloßstellt. Das funktioniert meistens, wenn der Schüler stört oder mit einer anderen Tätigkeit beschäftigt ist.

Schüler wissen ziemlich gut, zu welchem Fragetyp Lehrer gehören, und verhalten sich entsprechend. Entwickeln Sie daher Ihre persönliche Zauberfrage als Ihr Markenzeichen, an dem Ihre Schüler Sie erkennen. Sie sollte eine Art Türöffner-Funktion haben. Die Schüler fühlen sich durch Ihre Art des Fragens ernst genommen. Sie wissen, dass Ihre Fragen sie nicht blamieren oder bloßstellen.

Also: Werden Sie Fragekünstler, indem Sie Ihre Fragetechnik Schritt für Schritt verbessern.

Denn die Klugheit eines Menschen erkennt man nicht an seinen Antworten, sondern vor allem an seinen Fragen.

Die Schule muss neugierig auf die Welt machen und den Interessen Futter bieten. Sie muss hungrig machen, nicht satt.

Reinhard Kahl

Wenn Lehrer mehr als drei Sekunden warten, dann ...

- ... meldet sich eine größere Anzahl an Schülern zu Wort.
- ... bringt das Ruhe in die Klasse.
- ... sind die Schülerantworten mit höherer Wahrscheinlichkeit passend und richtig.
- ... sind die Schülerantworten länger.
- ... gibt es auch unerwartete Antworten.
- ... haben die Schüler auch eine Chance zum Nachdenken.
- ... ist seltener ein fragender Unterton zu hören.
- ... wird häufiger spekuliert.
- ... melden sich auch die eher langsamen Schüler.
- ... enthalten die Antworten eher Schlussfolgerungen.
- ... stellen die Schüler häufiger Fragen zur Lehrerfrage.

Meine Regeln in meinem Unterricht

Damit Sie und Ihre Schüler im Unterricht zufrieden sind, sollten Sie frühzeitig Regeln entwickeln. Grundlage bei der Formulierung dieser Regeln kann die Frage sein, welche Verhaltensregeln in Ihrem Unterricht wichtig sind, damit sich alle wohlfühlen und gut lernen können.

Dabei ist es sinnvoll, zunächst die Schulordnung genau durchzulesen, in der es bereits Vorgaben gibt (z. B. bezüglich Unterrichtszeiten, Handynutzung, Müll, Essen und Trinken).

Erstellen Sie anschließend einen Basiskatalog mit wenigen Grundregeln. Was stört Sie und worauf legen Sie besonderen Wert? Warum sind die Regeln wichtig für Sie? Je weniger, umso besser. Fragen Sie sich beim Formulieren: Brauchen wir diese Regel wirklich? Formulieren Sie die Regeln möglichst positiv (z. B.: Behandle die anderen so, wie du behandelt werden möchtest. Achte darauf, dass du niemanden mit Worten verletzt.).

Erläutern Sie den Schülern Ihre Regeln und warum diese für Sie so wichtig sind. Erklären Sie auch, was passiert, wenn die Regeln nicht eingehalten werden.

Regeln sind nur Hilfen, die Sie nicht zwangsläufig in jeder Klasse einführen müssen. Am sinnvollsten ist ein respektvolles und freundliches Miteinander ohne Regeln.

UMFELD

Die Rechtfertigungsfalle

„Was, du bist Lehrer?" Eine sonderbare Reaktion. Sind die Menschen, denen ich meinen Beruf bereitwillig offenbare, erschrocken, ist es Bewunderung oder sind sie neidisch? Als Referendar werden Sie häufiger mit dieser Reaktion konfrontiert. Und Sie werden mehrere Seiten kennenlernen:

1. Der Bewunderer

Er findet es toll, dass Sie einen solch schwierigen Beruf ausüben. Er bewundert nicht nur Ihren Mut und Ihr Engagement, sondern gönnt Ihnen auch die Vorteile dieses Berufes.

2. Der Neider

Er gönnt Ihnen nichts: nicht die Ferien, nicht den unkündbaren Job und schon gar nicht das ganz ordentliche Gehalt. Doch Vorsicht: Neid ist häufig auch eine Form der Anerkennung!

3. Der Mitleidige

Er hat Mitleid mit Ihnen und Ihrer Arbeit. Mit unerzogenen Kindern würde er sich nicht abgeben. Und dann die ständigen Konferenzen, Unterrichtsvorbereitungen am Abend und die uneinsichtigen Eltern!

Und wie reagieren Sie darauf?
Viele Lehrer neigen dazu, in eine Rechtfertigungshaltung zu verfallen und nicht selten ins Jammern zu geraten über die viele Arbeit, die unmotivierten Kinder, die überfüllten Klassen und die vielfältigen Belastungen. Wie wäre es einmal mit einer positiven und freudigen Grundhaltung gegenüber dem Lehrerberuf? Dabei geht es nicht um das Schönreden einer Misere, sondern das Bewusstmachen der schönen Seiten des Lehrerdaseins – frei nach dem Motto: Lehrer haben's schwer, aber nehmen's leicht! Und dann müssen Sie auch nicht nachmittags Ihr Auto in der Garage verstecken, damit nicht auffällt, dass Sie bereits um 13 Uhr zu Hause sind.
Zufriedene Lehrer sind realistisch und brauchen kein Gejammer, um Anerkennung zu finden. Sie sehen die schwierigen und aufreibenden Seiten ihres Berufes, stehen aber auch zu den vielen schönen und befriedigenden Annehmlichkeiten.
Also: Achtung vor der Rechtfertigungsfalle!

Lehrer gesucht!

Schreiben Sie eine Anzeige Ihrer Wunschschule für eine Stelle, auf die Sie sich bewerben würden.

Wir sind ...

Sie sollten ...

Wir erwarten ...

Das Wettrudern

oder warum der deutsche Achter gegen die Japaner verlieren musste

Es war einmal eine Zeit, da verabredete eine deutsche Firma ein jährliches Wettrudern gegen eine japanische Firma. Die Regatta sollte in einem Achter auf dem Rhein ausgetragen werden. Beide Mannschaften trainierten lange und hart, um ihre höchsten Leistungsstufen zu erreichen.

Als der große Tag kam, waren beide Mannschaften topfit, doch die Japaner gewannen das Rennen mit einem Vorsprung von einem Kilometer. Nach dieser Niederlage war das deutsche Team zutiefst betroffen. Die Moral war auf den Tiefpunkt gesunken.

Damals entschied das oberste Management, dass der Grund für diese vernichtende Niederlage unbedingt herausgefunden werden musste. Ein Projektteam wurde eingesetzt, um das Problem zu untersuchen und um geeignete Abhilfen zu empfehlen.

Nach langen Untersuchungen fand man heraus, dass bei den Japanern acht Leute ruderten und ein Mann steuerte, hingegen im deutschen Team ein Mann ruderte und acht steuerten.

Das oberste Management engagierte sofort eine Beraterfirma, die eine Studie über die Struktur des deutschen Teams anfertigen sollte. Nach einigen Monaten und beträchtlichen Kosten kamen die Berater zu dem Schluss, dass zu viele Männer steuerten und nur einer ruderte.

Um einer weiteren Niederlage gegen die Japaner vorzubeugen, wurde die Teamstruktur geändert. Es gab jetzt vier Steuerleute, zwei Obersteuerleute, einen Steuerdirektor und einen Ruderer. Außerdem wurde für den Ruderer ein Leistungsbewertungssystem eingeführt, um ihm mehr Ansporn zu geben. „Wir müssen seinen Aufgabenbereich erweitern und ihm mehr Verantwortung geben."

Im nächsten Jahr gewannen die Japaner mit einem Vorsprung von zwei Kilometern.
Das Management entließ den Ruderer wegen schlechter Leistung, verkaufte die Riemen und stoppte alle Investitionen für ein neues Boot. Der Beraterfirma wurde ein Lob ausgesprochen und das eingesparte Geld wurde dem obersten Management ausbezahlt.

Und was hat das mit Schule zu tun? Formulieren Sie die Geschichte gedanklich um.

„Not-to-do-Liste" – das andere Zeitmanagement

Sicherlich können To-do-Listen („Was ich unbedingt noch erledigen muss") das Leben erleichtern und dem Chaos vorbeugen. Doch schon das ständige Erstellen neuer Listen, das Streichen und Notieren, Zerreißen und Neuanlegen kann zur Belastung werden.

Legen Sie sich doch stattdessen einmal eine „Not-to-do-Liste" an. Notieren Sie darauf die Dinge, die Sie bewusst nicht mehr tun wollen. Das kann vor allem das sein, was Sie unnötig belastet, ärgert oder Ihnen Energie und Zeit raubt. Konzentrieren Sie sich auf das Wesentliche.

Versuchen Sie es! Es lohnt sich!

Lärmbelastung

Eine Studie des Instituts für Interdisziplinäre Schulforschung im Fachbereich Human- und Gesundheitswissenschaften der Universität Bremen ergab, dass gute pädagogische Arbeit gute Arbeitsbedingungen voraussetzt. Und die sind an vielen Schulen nicht gegeben. Die Bremer Wissenschaftler stellten bei ihren Forschungen fest, dass Lehrer hohen und nicht ausreichend kompensierten psychischen und körperlichen Anforderungen ausgesetzt sind, die zu einem Verschleiß an psychischer und physischer Leistungsfähigkeit führen. Über mehrere Wochen wurde der Arbeitsalltag von Lehrern beobachtet (Langzeit-EKG, Fragebögen u. a.). Dabei wurde vor allem deutlich, dass der von Schülern verursachte Lärm einen hohen Belastungsfaktor darstellt. Um den „subjektiv empfundenen" mit dem „physikalisch gemessenen Lärm" vergleichen zu können, wurden Schallpegelmessungen durchgeführt. Körperliche und seelische gesundheitliche Belastungen sind die Folgen. Dabei wurde vor allem der geringe Erholungswert der Pausen festgestellt, was sich auf die Leistungsfähigkeit negativ auswirkt. Dauernde gesundheitliche Schwierigkeiten (Ernährungsstörungen, Beschwerden im Bewegungsapparat oder Kreislaufprobleme, erhöhte Reizbarkeit, Schlafstörungen und verminderte Konzentrationsfähigkeit) sind die Folgen für die Testpersonen der Studie. Nicht selten werden daher Lehrer vor Erreichen des Renten- oder Pensionsalters arbeitsunfähig.

Der Schulcheck

Unsere Schule ist ein Arbeits- und Lebensort, an dem sich jeder wohlfühlen kann.

Können Sie dieser Aussage zustimmen? Sind Sie an eine gute Ausbildungsschule geraten? Machen Sie einfach einen persönlichen Schulcheck und überprüfen Sie Ihre Schule mithilfe der folgenden Anregungen.

An meiner Schule ...

- ... wurde ich freundlich begrüßt.
- ... herrscht eine hohe Arbeitszufriedenheit der Lehrerschaft.
- ... gibt es wertschätzende Beziehungen innerhalb des Kollegiums.
- ... werde ich in allen Ausbildungsfragen unterstützt.
- ... werden Schüler respektvoll behandelt.
- ... herrscht ein kooperativer und vertrauensvoller Leitungsstil.
- ... helfen sich Lehrer gegenseitig.
- ... herrscht ein gutes Schulklima.
- ... gibt es eine erkennbare Wertschätzung des Lernens und guter schulischer Leistungen.
- ... sind die Klassenräume gut und freundlich ausgestattet.
- ... wird ein schülerzentrierter, motivierender und interessanter Unterricht gestaltet.
- ... gibt es für die Schüler Möglichkeiten der Mitsprache und der Übernahme von Verantwortung.
- ... ist eine direkte und offene Kommunikation wichtig.
- ... gibt es einen Wertkonsens im Kollegium.
- ... herrscht eine Atmosphäre des gegenseitigen Vertrauens und des respektvollen Umgangs.
- ... ist eine gemeinschaftsfördernde und teamorientierte Gestaltung des Schulalltags eine wichtige Grundlage.
- ... darf auch gelacht werden.
- ... wird Kreativität gefördert.
- ... ist die Beratung der Schüler ein wichtiger Aspekt des schulischen Lebens.
- ... ist die Mitarbeit der Eltern erwünscht und wird gefördert.
- ... wird ernsthaft an der Schulqualität gearbeitet.
- ... herrscht ein geringer Unterrichtsausfall.
- ... ist die Medienausstattung gut und anregend.
- ... wird eine gesunde Verpflegung angeboten.
- ... wird Leistung gefördert und gefordert.
- ... erhalten Schüler Unterstützung bei Schwierigkeiten.
- ... gibt es Vereinbarungen für das gute Miteinander.
- ... werden Konflikte angesprochen und gemeinsam gelöst.
- ... gibt es ein abwechslungsreiches und aktives Schulleben.
- ... gibt es Konzepte der Differenzierung, um starke und schwache Schüler zu fördern.
- ... findet fachlich anspruchsvoller und methodisch anregender Unterricht statt.
- ... gibt es ein Leitbild.
- ... bilden sich die Lehrer ständig fort.
- ... arbeiten alle regelmäßig an der Verbesserung des pädagogischen Konzepts.
- ... werden Schüler, Eltern und Lehrer in Planungen und Entscheidungen einbezogen.

Traumberuf Lehrer

Das wird von Ihnen erwartet:

- Nerven wie Stahlseile
- Gesund sein wie Herr Kneipp
- Multimediale Unterrichtsshows – besser als jedes Fernsehprogramm
- Sprachkenntnisse in Russisch, Spanisch, Polnisch, Türkisch, ...
- Qualifizierter Unterricht – auch in Keller- und Abstellräumen
- Sportliche Fitness, um auch als 60-Jähriger noch mit der Klasse Schritt halten zu können
- Grundkenntnisse als Sozialarbeiter, Seelsorger, Animateur, Schiedsrichter, Sanitäter, Verwaltungsbeamter, Kriminalist, ...
- Eigenkapital für Klassenfahrten, Museumsbesuche etc.
- Blinder Gehorsam gegenüber den vorgesetzten Personen und Behörden
- Fähigkeit und Bereitschaft, die Erziehungsarbeit der Eltern so zu übernehmen, dass diese keinen Anlass zur Klage haben
- Mit technischen Geräten von gestern die Schüler von heute auf die Welt von morgen vorzubereiten

Das wird Ihnen geboten:

- Multikulturelles Klientel mit zum Teil ausgesprochenem Hang zur Muttersprache (Die Welt kommt zu Ihnen in den Klassenraum – wozu noch verreisen?)
- Jährliche Urlaubswochen im Landschulheim in Begleitung aufgeweckter Kinder (Wozu Nächte mit Schlaf vergeuden?)
- Action schon am Vormittag – jeder Schultag ein Abenteuer
- Verhaltensoriginelle Schüler, denen immer wieder etwas Neues einfällt, womit Sie nicht gerechnet haben
- Gemeinsames Altern im Kollegium nach dem Motto: Weißt du noch damals?
- Reale Einkommensrückgänge
- Arbeitszeitverlängerung durch Erhöhung der Klassenstärken, durch Streichung von Anrechnungseinheiten und durch zusätzliche organisatorische und pädagogische Veranstaltungen

Wollen Sie sich einen lang gehegten Traum verwirklichen?
Dann bewerben Sie sich.

Das Abc einer guten Lehrerausbildung

Schreiben Sie zu jedem Buchstaben des Alphabets einen Begriff auf, der ausdrückt, was für Sie eine gute Lehrerausbildung beinhalten muss.
Falls möglich, bieten Sie im Studienseminar (auf einem Plakat) die Möglichkeit der Beteiligung. Es könnte eine gute Grundlage für ein Gespräch zwischen Ausbildern und Lehramtsanwärtern sein. Evaluation ist doch sicherlich gewollt! Oder?

A

B

C

D

E

F

G

H

I

J

K

L

M

N

O

P

Q

R

S

T

U

V

W

X

Y

Z

Wenn du nach 1989 geboren wurdest, ...

hat das hier nichts mit dir zu tun. Verschwinde! Kinder von heute werden in Watte gepackt. Wenn du als Kind in den 70er oder 80er Jahren lebtest, ist es zurückblickend kaum zu glauben, dass wir so lange überleben konnten!

Als Kinder saßen wir in Autos ohne Sicherheitsgurte und ohne Airbags.

Unsere Bettchen waren angemalt in strahlenden Farben voller Blei und Cadmium.

Die Fläschchen aus der Apotheke konnten wir ohne Schwierigkeiten öffnen, genauso wie die Flasche mit Bleichmittel.

Türen und Schränke waren eine ständige Bedrohung für unsere Fingerchen. Auf dem Fahrrad trugen wir nie einen Helm. Wir tranken Wasser aus Wasserhähnen und nicht aus Flaschen.

Wir bauten Wagen aus Seifenkisten und entdeckten während der ersten Fahrt den Hang hinunter, dass wir die Bremsen vergessen hatten. Damit kamen wir nach einigen Unfällen klar.

Wir verließen morgens das Haus zum Spielen. Wir blieben den ganzen Tag weg und mussten erst zu Hause sein, wenn die Straßenlaternen angingen. Niemand wusste, wo wir waren, und wir hatten nicht mal ein Handy dabei!

Wir haben uns geschnitten, brachen uns Knochen und schlugen uns Zähne aus und niemand wurde deswegen verklagt. Es waren eben Unfälle. Niemand hatte Schuld außer uns selbst. Keiner fragte nach der Aufsichtspflicht. Kannst du dich noch an „Unfälle" erinnern? Wir kämpften und schlugen einander manchmal grün und blau. Damit mussten wir leben, denn es interessierte die Erwachsenen nicht.

Wir aßen Kekse, Brot dick mit Butter geschmiert, tranken sehr viel und wurden trotzdem nicht zu dick. Wir tranken mit unseren Freunden aus einer Flasche und niemand starb an den Folgen.

Dies alles hatten wir nicht: Playstation, X-Box, Videospiele, 164 Fernsehkanäle, DVDs, Surround-Sound, eigene Fernseher, Computer, Internet-Chat-Rooms. Wir hatten Freunde.

Wir gingen einfach raus und trafen sie auf der Straße. Oder wir marschierten einfach zu deren Heim und klingelten. Manchmal brauchten wir gar nicht zu klingeln und gingen einfach hinein. Ohne Termin und ohne Wissen unserer Eltern. Keiner brachte uns und keiner holte uns. Wie war das nur möglich?

Wir dachten uns Spiele aus mit Holzstöcken und Tennisbällen. Außerdem aßen wir Würmer. Und die Prophezeiungen trafen nicht ein: Die Würmer lebten nicht in unseren Mägen für immer weiter und mit den Stöcken stachen wir uns nicht die Augen aus.

Beim Straßenfußball durfte nur mitmachen, wer gut war. Wer nicht gut war, musste lernen, mit Enttäuschungen klarzukommen.

Manche Schüler waren nicht so schlau wie andere. Sie rasselten durch Prüfungen und wiederholten Klassen. Das führte nicht zu emotionalen Elternabenden oder gar zur Änderung der Leistungsbewertung.

Unsere Taten hatten manchmal Konsequenzen. Das war klar und keiner konnte sich verstecken. Wenn einer von uns gegen das Gesetz verstoßen hatte, war klar, dass die Eltern ihn nicht aus dem Schlamassel heraushauten. Im Gegenteil: Sie waren der gleichen Meinung wie die Polizei! So etwas!

Unsere Generation hat eine Fülle von innovativen Problemlösern und Erfindern mit Risikobereitschaft hervorgebracht. Wir hatten Freiheit, Misserfolg, Erfolg und Verantwortung. Mit alldem wussten wir umzugehen.

Und du gehörst auch dazu. Herzlichen Glückwunsch!

Quelle unbekannt

Zitate

Die Arbeit des Erziehers gleicht der eines Gärtners, der verschiedene Pflanzen pflegt. Eine Pflanze liebt den strahlenden Sonnenschein, die andere den kühlen Schatten; die eine liebt das Bachufer, die andere die dürre Bergspitze. Die eine gedeiht am besten auf sandigem Boden, die andere im fetten Lehm. Jede muss die ihrer Art angemessene Pflege haben, anderenfalls bleibt ihre Vollendung unbefriedigend.

Abbas Effendi (1844 – 1921), arab. Schriftgelehrter

Der Schulbetrieb in Deutschland ist noch immer so organisiert, als wären alle Mütter den ganzen Tag zu Hause und als würde im Sommer die ganze Familie zum Einbringen der Ernte gebraucht.

Verfasser unbekannt

Kinder sind keine Fässer,
die gefüllt, sondern Feuer,
die entfacht werden wollen.

François Rabelais (ca. 1494 – 1553)

Unter Bildung versteht man das Vermögen, die Dinge vom Standpunkt eines anderen aus betrachten zu können.

Georg Wilhelm Friedrich Hegel (1770 – 1831)

Lehrers Kinder,
Pfarrers Vieh gedeihen
selten oder nie.

Sprichwort

Man kann einen Menschen nicht gegen seinen Willen erziehen und belehren, so wenig wie man ihn gegen seinen Willen gesund machen kann. Er muss in beiden Fällen mitmachen, aus Freude oder aus Einsicht, am besten aus beidem. Das ist in der Erziehung möglich, wenn er wahrnimmt, dass er geliebt wird, und wenn er teilhat am Verfahren – wenn er nicht Objekt, sondern Subjekt des Vorgangs ist.

Hartmut von Hentig (1993)

Die fleißige Ameise

Jeden Morgen kam die fleißige Ameise fröhlich zur Arbeit. Sie liebte ihre Arbeit. Hier verbrachte sie die meiste Zeit des Tages schwer arbeitend, immer ein Liedchen summend. Sie arbeitete fleißig vor sich hin.

Der Generaldirektor, ein dicker fetter Käfer, stellte fest, dass es niemanden gab, der die Ameise beaufsichtigte. So konnte es nicht weitergehen! Er schuf einen Supervisor-Posten und stellte einen Mistkäfer mit viel Erfahrung ein.

Die erste Sorge des Mistkäfers war, die Arbeitszeit zu standardisieren. Er erstellte hierzu verschiedene Reports. Bald darauf benötigte der Mistkäfer eine Sekretärin, die diese Reports vorbereitete. Man stellte eine Spinne ein, die ein Archiv einrichtete und Telefonanrufe entgegennahm.

Und in der ganzen Zeit arbeitete die Ameise froh und munter weiter, denn ihre Arbeit gefiel ihr und von Zeit zu Zeit summte sie ein Liedchen.
Der Generaldirektor war begeistert von der Arbeit des Mistkäfers und fragte ihn nach grafischen Darstellungen und Zukunftsanalysen. So wurde es nötig, eine Fliege einzustellen als Helfer für den Supervisor. Sie kauften der Fliege einen Laptop, mit dem sie die Reports schön bunt gestalten konnte.

Die fleißige Ameise summte schon bald kein Liedchen mehr, beschwerte sich, dass sie so viel Schreibkram auszufüllen hatte, anstatt zu arbeiten.

Daraufhin beschloss der Generaldirektor, dass ein Administrator für die Abteilung, in der die Ameise arbeitete, her musste. Diese verantwortungsvolle Aufgabe wurde der Heuschrecke übertragen, die als Erstes verlangte, dass man ihr einen speziellen Sessel kaufen solle. Natürlich brauchte sie auch ein Auto, einen Laptop und einen Zugang zum Intranet. Und selbstverständlich brauchte sie auch einen persönlichen Assistenten, die Kröte, die schon an ihrem alten Arbeitsplatz als Sekretärin für die Heuschrecke gearbeitet hatte.

Die Ameise sang nicht mehr. Sie wurde immer unruhiger und nervöser.

„Wir müssen ein Gremium beauftragen, Daten für eine Studie über die arbeitende Gesellschaftsschicht zusammenzutragen und einen Bericht zu verfassen." Gesagt, getan. Die ausgesuchten Spezialisten machten sich gegen ein beträchtliches Entgelt sogleich monatelang an die Arbeit.

In der Zwischenzeit stellte der Generaldirektor fest, dass die Abteilung, in der die fleißige Ameise munter vor sich hin arbeitete, nicht mehr den gleichen Profit wie früher erwirtschaftete. Er wandte sich an die Eule, eine Expertin in Sachen Betriebswirtschaft, die Tausende von Euro bekam. Sie sollte analysieren und diagnostizieren, was zu tun sei. Die Eule wirbelte drei Monate in allen Büros der Firma herum. Dann legte sie einen Abschlussbericht vor, der besagte: „Sie haben zu viel Personal, es sollten Stellen abgebaut werden."

Dem Expertenbericht der Eule folgend, entließ der Generaldirektor die Ameise, die immer so fleißig arbeitete und ihre Arbeit liebte.

Die Moral:
Es sollte dir nicht im Traum einfallen, eine fleißig arbeitende, fröhliche Ameise zu sein. Es ist viel besser, eine Heuschrecke oder ein Mistkäfer zu sein, wenn auch unnütz und unfähig. Diese brauchen keinen Supervisor, es stresst sie niemand.

Wenn du nicht anders kannst, als fleißig und arbeitsam zu sein, dann zeige niemandem, dass du fröhlich bist und dass dir deine Arbeit Freude macht! Erfinde von Zeit zu Zeit ein Unglück, jammere und beschwere dich, damit es niemandem in den Sinn kommt, dich zu beneiden, nur weil du Spaß an deiner Arbeit hast.

Wenn du das auch nicht kannst, dann mach dich selbstständig. So können sich wenigstens all die Mistkäfer, Spinnen, Heuschrecken, Fliegen, Kröten und Eulen nicht auf deinem Rücken ausruhen.

Und noch etwas:
Das Leben ist einfach zu kurz für den falschen Job.

PS: ... und bloß nicht summen!

Achtung Fettnäpfchen!

Als Neuling in der Schule und im Seminar kann man viel falsch machen. Seien Sie stets auf der Hut, um in kein Fettnäpfchen zu treten. Es könnte unangenehm werden, wenn Sie ...

- ... sich auf den Parkplatz des Schulleiters stellen.
- ... den Stundenplanmacher verärgern.
- ... in Kollegengesprächen nicht jammern.
- ... euphorisch behaupten, dass es Spaß mache, Lehrer zu sein.
- ... einen Kollegen ungefragt im Unterricht besuchen.
- ... die Lieblingskaffeetasse einer Kollegin benutzen.
- ... sich beim Schulamt über Ihren Fachleiter beschweren.
- ... Ihre eigenen pädagogischen Prinzipien als absolut darstellen.
- ... sich beratungsresistent verhalten.
- ... sich auf den Stammplatz eines Kollegen setzen.
- ... den Hausmeister herablassend behandeln.
- ... beim Elternsprechtag einen Schüler nicht einordnen können.
- ... zu spät zu einer Lehrprobe erscheinen.

Die Hitliste meiner persönlichen Fettnäpfchen:

–

–

–

–

–

–

–

Jetzt mal ehrlich! Was macht ein Lehrer eigentlich in den Ferien?

„Was, du bist Lehrer? Dann hast du ja viel freie Zeit. Nachmittags bist du zu Hause und die Ferien im Laufe des Jahres sind auch recht lang." Sie kennen diese Äußerungen von Freunden, Nachbarn oder Bekannten. Zugegeben, zwölf Wochen „unterrichtsfreie Zeit" klingt richtig gut. Aber haben Lehrer in dieser Zeit wirklich Zeit zum Nichtstun und Relaxen? Oder wird die Zeit genutzt zur Unterrichtsvorbereitung und -nachbereitung, Korrektur, Elternabendorganisation, zum Aufräumen des Schreibtischs und Sichten und Ordnen von Unterrichtsmaterialien?
Das ist eine Art Dilemma. In den meisten Berufen kommen die Menschen nach Hause und haben arbeitsfrei. Und wenn sie am folgenden Tag zu ihrer Arbeitsstelle kommen, beginnen sie wieder mit der beruflichen Tätigkeit. Hier ist Arbeit und dort ist Freizeit. Alles ist klar geregelt. Und es wird niemand auf die Idee kommen, in seinem Urlaub an seinen Arbeitsplatz zu fahren. Bei Lehrern ist alles anders. Wenn sie während der Schulzeit nach Hause kommen, ist die berufliche Tätigkeit noch nicht abgeschlossen. Sie haben allerdings die wunderbare Möglichkeit, selbst zu entscheiden, wann sie sich an den Schreibtisch setzen. In der unterrichtsfreien Zeit ist das ähnlich. Natürlich kann ein Lehrer in den sechs Wochen Sommerferien nichts für die Schule tun. Dann hat er eben frei.
Er kann sich aber auch Zeiten einteilen, in denen er für die Schule arbeitet und in denen er sich erholt oder verreist.
Wichtig ist der gesunde Rhythmus, den ein Lehrer im Laufe seines Berufslebens finden muss. Das setzt natürlich Disziplin und ein gewisses Maß an Zeitmanagement voraus. Auch das sollte ein Lehrer in seiner Ausbildungszeit ausprobieren und lernen.
Dabei ist aber ein Grundsatz für eine gewisse Zeit unerlässlich: Du sollst nicht arbeiten!

Wie lange arbeitet ein Lehrer im Jahr?

Das Jahr hat 365 Tage, davon sind 52 Samstage und 52 Sonntage.
365 – 104 = 261
Ein Lehrer arbeitet aber nur 8 Stunden von 24 = ein Drittel des Tages = ein Drittel des Jahres!
261 : 3 = 87
6 Wochen Sommerferien, 2 Wochen Weihnachtsferien, 2 Wochen Osterferien, 2 Wochen Pfingstferien, 1 Woche Herbstferien und noch 8 bewegliche Tage:
87 – 73 = 14
Es gibt ja auch noch Feiertage: Neujahr, 1. Mai, Fronleichnam, Allerheiligen, Tag der Deutschen Einheit, Christi Himmelfahrt. Ergibt zusammen 6 Tage.
14 – 6 = 8 Tage
Arbeitet ein Lehrer 8 Tage im Jahr?
Moment, da entfallen ja 7 Tage wegen Ausflügen, Abiprüfungen, Wandertagen etc.!
8 – 7 = 1
Und was passiert, wenn der Lehrer einmal krank ist?

BALANCE

Die vier Säulen der Gesundheit

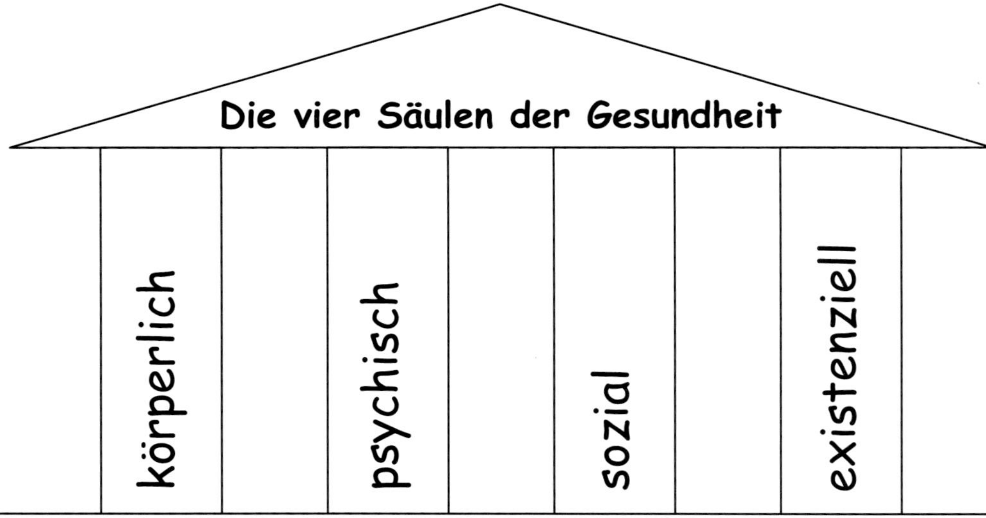

Gesundheit ist die Grundlage eines guten Lebens. Damit ist nicht nur die körperliche Fitness gemeint. Auch unsere Psyche muss gesund sein, indem wir uns wohlfühlen, selbstbewusst und ausgeglichen sind und mit Problemen gut umgehen können. Aber auch gute soziale Kontakte tragen zu unserer Gesundheit bei. Wenn wir uns in unserem Freundeskreis und in der Familie aufgehoben fühlen, geht es uns gut. Und schließlich sind die existenziellen Fragen maßgeblich für unser Wohlbefinden. Sehen wir in unserem Leben einen Sinn und wie gehen wir in die Zukunft? Diese vier Säulen tragen unsere Gesundheit, fördern die Lebensqualität und Leistungskraft und sind das Fundament für ein gutes und glückliches Leben.

Wie wichtig ist dir deine Gesundheit? Auf was legst du besonders Wert? Welche der vier Säulen könntest du stärker beachten?

Entschleunigung tut gut!

„Ich habe Zeit." Dieser Satz klingt merkwürdig und ist nicht unbedingt beliebt. Arbeitslos, Hartz IV, Rentner! Aber bitte nicht ich. Ich lebe auf der Höhe der Zeit und kann ein Lied davon singen, was es heißt, keine Zeit zu haben, immer unter Druck zu stehen und Höchstleistungen zu bringen. Es ist *in*, keine Zeit zu haben und nach Möglichkeit auch damit zu prahlen.

Besonders die Zeit des Referendariats ist kein Ferienparadies. Und Fachleiter sind keine Animateure, die es darauf abgesehen haben, Ihnen Freude zu bereiten und Ihre Zeit zu versüßen. Zeit wird zur Mangelware, die Nächte sind kurz und die Unterrichtszeit scheint unendlich zu sein. Und die nächste Lehrprobe wartet.

Stopp! Wenn Sie jetzt zustimmend nicken, sind Sie auch schon in dieses ansteckende Gejammer über zu wenig Zeit verfallen. Dann sollten Sie ein wenig entschleunigen, bevor es zu spät ist. Nehmen Sie das Tempo raus aus Ihrem Alltag. In der Ruhe liegt nämlich die Kraft, die Sie täglich brauchen, um Ihre Arbeit gut zu machen und dabei gesund zu bleiben.

Entschleunigen heißt dabei, sich die notwendige Zeit zu gönnen, um wieder zu Kräften zu kommen. Ihr Körper, Ihr Geist und vor allem Ihre Seele brauchen diese Oasen, um aufzutanken. Sie sind lebensnotwendig. Reservieren Sie sich regelmäßig Zeitfenster in Ihrem (natürlich überfüllten) Terminkalender. Es lohnt sich – garantiert!

GUTSCHEIN

über genügend Zeit

Dieser Gutschein ist zeitlos

Schnelle Entspannung

Natürlich sind Entspannungsübungen wie autogenes Training oder die progressive Muskelentspannung nach Jacobson unter fachlicher Anleitung am effektivsten. Doch es gibt auch kurze Übungen, die zu Oasen im Arbeitsalltag werden können.

Auszeit

Setzen Sie sich bequem hin. Sie sollten sich dabei wohlfühlen. Schließen Sie die Augen und atmen Sie ruhig ein und aus. Schalten Sie alle Gedanken, die Sie belasten, nach und nach aus. Spüren Sie nur sich und Ihren Atem.

Abschütteln

Stellen Sie sich hin und schütteln Sie den ganzen Körper für einige Minuten, die Beine, die Arme, die Hüften und alles, was Sie bewegen können. Schütteln Sie so alle negativen Gedanken und allen Ärger ab. Atmen Sie dabei kräftig aus.

Blickpunkt

Setzen Sie sich hin und werden Sie ruhig. Schauen Sie einen Gegenstand ganz bewusst an und schenken Sie ihm einige Minuten Ihre ganze Konzentration und Aufmerksamkeit.

Fantasiereise

Wir Menschen haben die tolle Fähigkeit, uns mit unseren Gedanken ständig in neue Welten versetzen zu können. Nehmen Sie zunächst eine bequeme Haltung ein und schließen Sie die Augen. Verweilen Sie einen Moment in Ruhe. Versetzen Sie sich in Gedanken in eine angenehme Situation und an einen schönen Ort. Benutzen Sie dabei alle Sinne zur Wahrnehmung. Öffnen Sie nach der Übung langsam die Augen und kommen Sie wieder in die Wirklichkeit zurück.

Entspannung

Spannen Sie beide Fäuste, das Gesicht und das Gesäß an, zählen Sie bis fünf und lassen Sie die Anspannung mit einem heftigen Ausatmen wieder los. Wiederholen Sie die Übung mehrmals. Sie können auch gezielt bestimmte Muskelpartien an- und entspannen (z. B. Schultern hochziehen, Zähne zusammenbeißen, Stirn runzeln, Oberschenkel anspannen, Augen zukneifen).

Tapping

Legen Sie beide Hände über Kreuz auf die Schulter. Klopfen Sie nacheinander mit der linken und der rechten Hand auf die jeweilige Schulter. Einige Minuten zeigen bereits Wirkung.

Pausengang

Nutzen Sie Pausen und Freistunden gezielt zur ganzheitlichen Erholung. Das gelingt Ihnen am besten, wenn Sie sich vom Arbeitsplatz wegbewegen. Schalten Sie bewusst von der Hektik auf einen ruhigen Gang zurück. Gehen Sie ruhig und gelassen und atmen Sie tief ein und aus. Beobachten Sie dabei ebenfalls in aller Ruhe Ihre Umgebung. Setzen Sie sich ab und zu auf eine Bank und machen Sie eine gewisse Zeit gar nichts.

Fernblick

Vor allem bei anstrengender Computerarbeit ist es wichtig, öfter kurze Pausen einzulegen. Stellen Sie sich hin, öffnen Sie das Fenster und atmen Sie durch. Bewegen Sie dabei in aller Ruhe Arme und Beine. Strecken Sie sich und gehen Sie in die Hocke. Wenn die Arbeit am Monitor für die Augen anstrengend wird, schauen Sie einige Minuten aus dem Fenster und fixieren Sie dabei einen Punkt in der Ferne.

Gähnen

Gähnen hat eine sehr entspannende Wirkung. Außerdem lockert es das Zwerchfell sowie die Gesichts- und Nackenmuskulatur. Suchen Sie sich also einen unbeobachteten Ort und gähnen Sie mehrmals kräftig und intensiv.

Die liegende Acht

Strecken Sie die linke Hand aus und malen Sie eine liegende Acht in die Luft. Folgen Sie mit den Augen der Bewegung. Wiederholen Sie die Übung mehrmals auch mit der rechten Hand. Atmen Sie dabei bewusst und tief ein und aus. Durch die Übung werden beide Gehirnhälften aktiviert und Stress wird verarbeitet.

Wutableiter

Wut braucht ein Ventil, denn sie ist schlecht für Körper und Seele. Suchen Sie sich für die Übung einen ungestörten Ort. Setzen Sie sich oder legen Sie sich hin und denken Sie zunächst an die Begebenheit, die Sie wütend gemacht hat. Spannen Sie dabei Hände und Füße fest an. Sagen Sie dabei *alles*, was Sie denken und fühlen. Lassen Sie Ihre Wut heraus und machen Sie Ihrem Ärger Luft. Stellen Sie sich anschließend hin und schütteln Sie Hände und Füße aus.

Loslassen

Setzen Sie sich auf einen Stuhl und legen Sie die Hände mit den Handflächen nach oben auf die Oberschenkel. Schließen Sie die Augen und entspannen Sie. Wiederholen Sie mehrmals bewusst und in Ruhe den Satz „Ich lasse los.“. Bleiben Sie anschließend noch eine Weile mit geschlossenen Augen sitzen.

Ein Vogel sein

Stellen Sie sich mit ausgebreiteten Armen hin und beugen Sie den Oberkörper nach vorne. Stellen Sie sich vor, dass Sie ein Vogel sind und hoch in der Luft über der Erde kreisen. Dabei bewegen Sie die Arme und den Körper.

Mutmacher – die Kraft positiver Gedanken

Meine Erfahrungen und vor allem meine Gedanken beeinflussen meine Gefühle und mein Handeln. Jeden Tag denkt der Mensch etwa 50 000 Gedanken. Oft sind sie unbewusst, manchmal intensiv und aufreibend. Wir können die Kraft unserer Gedanken nutzen, um unser Leben positiv zu beeinflussen. Es ist eine einfache und wirksame Methode, mithilfe der eigenen Gedanken das Selbstvertrauen und den Lebensmut zu stärken.

Übung:
Setzen Sie positive Glaubenssätze (Affirmationen) ein, die Sie im Laufe des Tages ab und zu bewusst aussprechen. Oder Sie kleben sich die Sätze sichtbar an Stellen, an denen Sie diese unweigerlich lesen müssen (z. B. am Spiegel oder auf dem Schreibtisch).

Ich nehme mein Leben als Geschenk an.
Ich darf sein, wie ich bin.
Ich achte und respektiere mich, wie ich bin.
Ich lasse meine Gefühle zu.
Ich akzeptiere mich auch mit meinen Schwächen und Fehlern.
Ich bin stolz auf das, was ich bereits erreicht habe.
Ich nehme an, was ich nicht ändern kann.
Ich lasse zu, was ist.
Ich nehme Herausforderungen als Chancen an.
Ich gebe mein Bestes.
Ich bin mutig.
Ich treffe die richtigen Entscheidungen.
Ich vertraue meinen Stärken.
Ich bin ruhig und gelassen.
Ich liebe das Leben.
Ich kann meine Grenzen akzeptieren.
Ich lebe in Balance mit mir und der Welt.
Alles wird gut.
Ich kann meine Ziele erreichen, wenn ich mich anstrenge.
Ich kann mich auf mich verlassen.
Meine Lebenserfahrungen sind ein wertvoller Schatz.

Verändere die Art, wie du über das Leben denkst, und dein Leben verändert sich.
Probieren Sie es aus. Wenn Sie es jedoch für eine alberne Übung halten, lassen Sie es bitte sein.

Lebensbalance

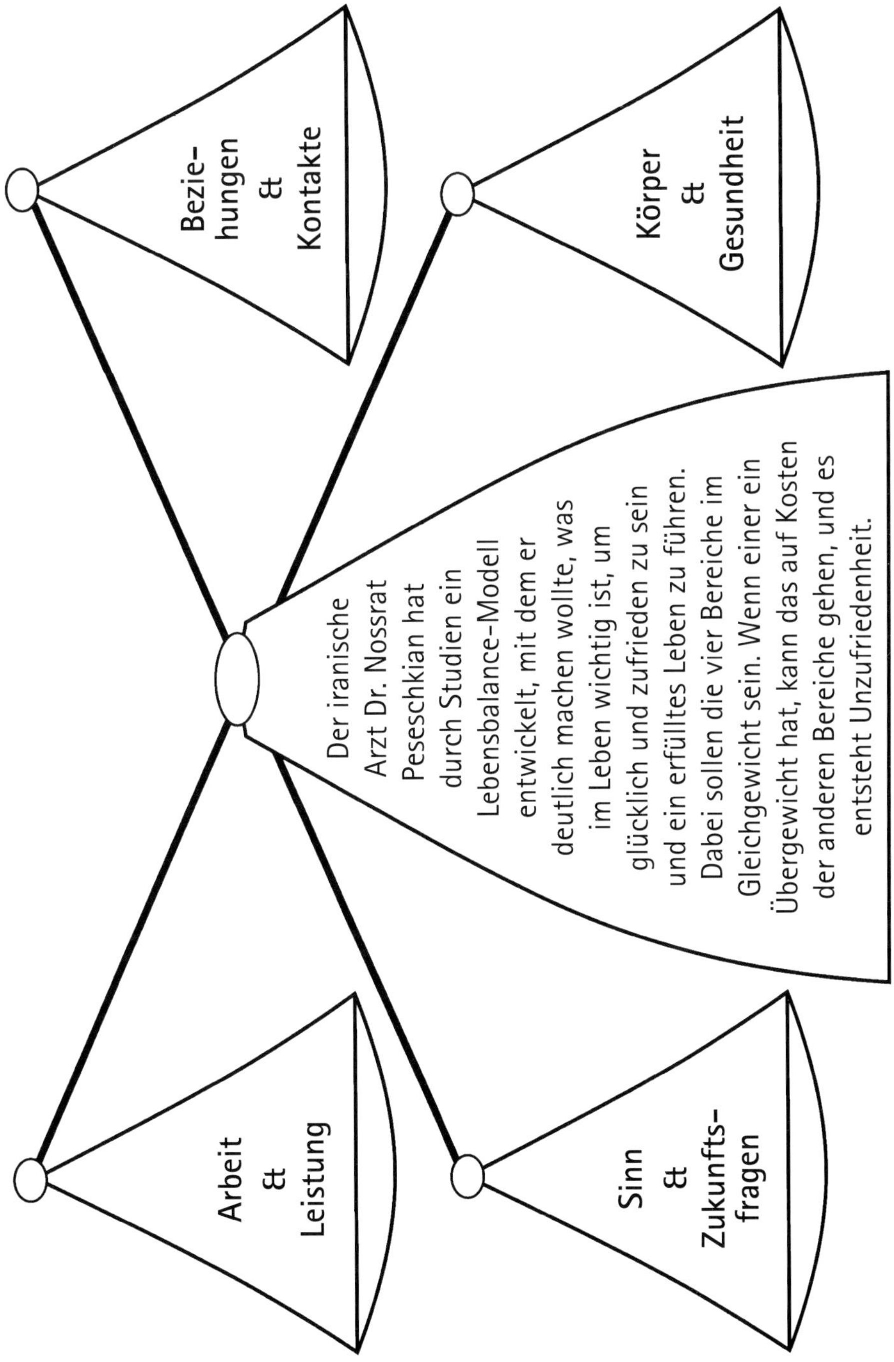

Welche Bedeutung haben die einzelnen Bereiche in Ihrem Leben?

Was ist „Berufszufriedenheit"?

Die Schulpsychologische Beratung Rheinland-Pfalz nennt folgende Komponenten der Berufszufriedenheit:

1. Fachliche, soziale und persönliche Kompetenzen zur Erfüllung der beruflichen Anforderungen
2. Realistische Erwartungen an den beruflichen Erfolg bzw. die eigene Selbstwirksamkeit
3. Sinnfindung und Anerkennung im Beruf
4. Beruf als Ressource für Wohlbefinden
5. Gleichgewicht zwischen beruflichem Einsatz, Erholung und (kollegialer) Besinnung über berufliche Zielorientierung und Erfahrungen
6. Gesundheitsfördernde Arbeitsbedingungen, die den einzelnen Arbeitnehmer gemäß seiner individuellen Voraussetzungen bei seiner beruflichen (Selbst-)Wirksamkeit unterstützen. Bezogen auf das Arbeitsfeld Schule bedeutet dies, dass Lehrkräfte auf Dauer engagiert, belastbar und zufrieden unter adäquaten Rahmenbedingungen arbeiten können.

Doch was heißt das konkret im Schulalltag?
Was sind die fünf wichtigsten Kriterien für Berufszufriedenheit, die Sie persönlich anstreben?

1.

2.

3.

4.

5.

Willst du ein guter Lehrer sein, dann schau auch in dich selbst hinein

Als Referendar erhalten Sie ständig Rückmeldungen von anderen Menschen. Sie machen sich ein Bild von Ihnen und teilen es Ihnen mit. In Protokollen und Beurteilungen wird die Fremdeinschätzung sogar schriftlich festgehalten. Diese Fremdbilder sind wie Spiegel, in denen wir uns sehen können.
Doch dann gibt es noch unser eigenes Bild, das wir selbst von uns haben. Dieses Selbstbild ist stark von unserem Wunschbild beeinflusst. Dies wiederum hat Einfluss auf unser Denken, Fühlen und Verhalten.

Je mehr das Selbstbild mit dem Fremdbild und dem Wunschbild übereinstimmt, umso leistungsfähiger und gesünder sind wir. Je größer die Unterschiede sind, umso größer ist der Entwicklungsbedarf.

Doch welches Bild habe ich von mir?

Habe ich einen guten und realistischen Blick für mich und meine tatsächlichen Fähigkeiten, Eigenschaften und Verhaltensweisen? Oder ist es ein idealistisches Selbstbild, das ausdrückt, wie ich gerne sein möchte? Wir streben nach einer Übereinstimmung zwischen Real-Selbst und Ideal-Selbst, um glücklich und zufrieden leben zu können. Wenn beide zu sehr auseinanderklaffen, entstehen Spannungen, Ängste und Depressionen.

Unser Selbstkonzept, unser Bewusstsein über unsere Stärken und Schwächen, Fähigkeiten und Eigenschaften, wird vor allem von den Mitmenschen und deren Beziehungsbotschaften geprägt („Das kannst du gut!", „Das wirst du nie lernen!").

So entsteht ein **positives bzw. negatives Selbstkonzept**, das vor allem durch die Haltung der Wertschätzung beeinflusst wird. Der Mensch braucht Zuneigung, Liebe und Wertschätzung („positive Beachtung"), um sich selbst achten zu können. Diese Wertschätzung darf an keine Bedingung geknüpft sein. Die Person wird bedingungslos geachtet und akzeptiert. Nur so entwickelt sich ein hohes Maß an **Selbstachtung**. Die Person kann sich selbst so sehen, wie sie ist, und lernt, auf ihr Erleben zu vertrauen und ihr Handeln danach auszurichten.

Arbeiten Sie im Laufe Ihrer Ausbildung immer wieder an Ihrem Selbstkonzept. Das ist wichtig für die Entwicklung Ihrer Persönlichkeit. Und das betrifft nicht nur Ihre Lehrerpersönlichkeit, denn Sie sind vor allem **Mensch**. Seien Sie bereit, den Blick auf sich selbst und in sich zu richten.

Überlebensstrategien

1. Schule ist ein Job, und zwar nur ein Job. Ich bin Profi und liefere gute Arbeit für gutes Geld, aber das ist es dann auch.

1a. Weil ich Profi bin, weiß ich auch, dass meine Arbeit immer nur so gut wie meine Arbeitsbedingungen sein kann. Wenn dann ein Optimum ehrlich und realistisch nicht erreicht werden kann, stehe ich dazu und lasse mir kein schlechtes Gewissen einreden.

2. Ich will ein Routinier werden. Einfaches Rechenexempel: Wenn ich 26 Stunden unterrichte und mich auf jede Schulstunde 60 Minuten vorbereite, bin ich schon bei einer 45,5-Stunden-Woche. Ohne eine einzige Korrektur, ohne eine einzige Konferenz, ohne eine einzige Pausenaufsicht. Einmal investierte Arbeit muss so oft und so vielseitig wie möglich genutzt werden – deswegen verwende ich dieselben Arbeitsblätter so häufig wie irgendwie verantwortbar, unterrichte die gleichen Themen möglichst parallel etc. Ganz wichtig: Das eigene Materialarchiv in penibler Ordnung halten! Nichts schafft so viel Mehrarbeit wie Unordnung.

2a. Didaktik-Theoretiker, die behaupten, dass Routinebildung für Lehrer schlecht sei, weil „sie die Kreativität bremst", lache ich aus. Wenn mir ein Chirurg den Blinddarm rausschneidet oder mir mein Rechtsanwalt aus einer Klemme helfen soll, hoffe ich ja auch, dass die Routiniers sind und nicht ihre Kreativität an mir ausleben.

3. Ganz schnell lernen, dass die Alltagsarbeit so gut wie nichts mit dem zu tun hat, was im Seminar vermittelt wird. Die Referendarsausbildung ist um die Stunden- und Reihenentwicklung herum angelegt. Die spielt im tatsächlichen Lehrerberuf schon aus Zeitgründen eine untergeordnete Rolle. Wenn man die Referendars-Konditionierung zur Übervorbereitung weiterführt, ist die Grundanlage zum Burn-out schon da. Die reguläre Stunde ist eine Brot-und-Butter-Stunde, Highlights kann ich nicht jeden Tag liefern. In Hocharbeitsphasen auch nicht jede Woche.

4. Ebenfalls muss man die zweite große Konditionierungsleistung des Referendariats – „der Referendar / Lehrer ist immer schuld" – schon aus Gründen der Psychohygiene über Bord werfen. Das führt nur zu der Paranoia, unter der selbst ältere Kollegen zum Teil leiden.

5. Nein, ich muss mich nicht für meine Schüler aufopfern. Ich helfe ihnen, so gut ich kann, aber es gibt Grenzen.

6. Ich habe ein Recht auf Freizeit und auf ein Sozialleben. Der Gesetzgeber sieht vor, dass ich 41 Stunden arbeite, nicht mehr. Daran sollte man sich halten.

7. Nein, die Schule ist nicht wichtiger als meine Gesundheit / meine Ehe / meine Beziehung / meine Kinder / meine Lebenszufriedenheit.

8. Wenn mein Arzt mich krankschreiben will, dann gehe ich davon aus, dass der gute Mann seine Gründe dafür hat, und befolge seinen ärztlichen Rat. Er ist der Experte, nicht ich. Wenn ich jemandem erkläre, wie man Vokabeln lernt / eine Mathematikaufgabe löst, will ich schließlich auch, dass man meiner Expertise vertraut.

9. Ich habe ein Hobby. Mein Hobby ist auch wichtig.
10. Meine Schulsachen sind in meinem Arbeitszimmer und nur in meinem Arbeitszimmer. Mein Arbeitszimmer hat eine Tür, die ich von außen zumachen kann. Das tue ich regelmäßig und habe deswegen kein schlechtes Gewissen.
11. Hochschuldidaktiker ohne schulische Berufspraxis, die über Strategien gegen schulischen Burn-out reden, ignoriere ich. Ihre Meinung ist mangels persönlicher Erfahrung wertlos.
12. Ich entwickle einen gesunden Zynismus und versuche, die Dinge so zu sehen, wie sie sind. Für ideologische Zielsetzungen habe ich nichts als Skepsis übrig. Über Verbandsvorsitzende, die seit Jahren keinen Fuß in die Schule gesetzt haben, aber über den „Traumberuf Lehrer" faseln, schüttle ich bestenfalls den Kopf.
13. Nein, SIE und „das System" sind nicht hinter mir her. Viele Dinge laufen in der Schule auf katastrophal dumme Weise schief, aber das hat historische und politische Gründe und liegt nicht zuletzt daran, dass jetzt – viel zu spät – endlich die seit Jahrzehnten notwendigen Reformen angegangen werden. Alle leiden, aber das ist normal in Umbruchzeiten. Geduld, die Dinge werden wieder besser werden.
14. Ich stimme im Lehrerzimmer nicht in das allgemeine Gejammer über die vermeintlich so schrecklichen Schüler ein. Das geht mir nämlich tierisch auf die Eier und zieht mich nur runter. Die Schüler sind schon ganz in Ordnung.

Gute Ratschläge?

- Zweifle ständig an dir und deinen Stärken!
- Wenn du meinst, es ginge nicht mehr weiter, gib lieber sofort auf!
- Vermeide freie Zeiten, in denen du nur zum Nachdenken kommen könntest!
- In deinem Arbeitszimmer musst du dich nicht wohlfühlen!
- Kritisiere deinen Fachleiter, wo es nur geht!
- Hinterfrage jeden konstruktiven Vorschlag deines Mentors!
- Während der Ausbildung sind Freunde, Familie oder Hobbys eher belastend!
- Du musst deine Schüler nicht lieben!
- Misstraue deinen Ausbildern, denn sie wollen nicht immer das Beste für dich!
- Jammere viel und ausgiebig im Lehrerzimmer!
- Ein emotionaler Ausbruch zeigt immer Wirkung!
- Beschäftige dich gedanklich immer mit deinen Problemen!
- Trainiere, mit möglichst wenig Schlaf auszukommen!
- Viel Kaffee beruhigt die Nerven!
- Definiere dein Menschsein über deine Arbeit!
- Packe deine Ferien voll mit Arbeit!
- Bestich die Schüler vor einer Lehrprobe mit attraktiven Geschenken!
- Lasse dir nicht alles bieten!
- Deine Gesundheit ist uninteressant!
- Du hast keine Schwächen!
- Beschränke deinen Unterricht auf das Lernen von Fakten!
- Es gibt für dich nur zwei überzeugende Gründe, Lehrer zu werden. Die heißen Juli und August!

Versuchen Sie einfach, die oben genannten Ratschläge auf den Kopf zu stellen. Vielleicht führt die Übung zu wichtigen Erkenntnissen. Viel Glück dabei!

Stopp!

Oft sind es unsere Gedanken, die uns unser Leben schwer machen. Besonders in stressigen Situationen neigen wir dazu, dass wir uns in diese gedanklichen Konstruktionen hineinsteigern. Es hat alles keinen Zweck und ich bin an allem schuld! Hier kann es hilfreich sein, unsere Emotionen durch die Kraft unserer Gedanken zu lenken und einfach laut und deutlich „STOPP!" zu sagen.

- Das haben andere auch geschafft, also werde ich es auch schaffen.
- Das hat nichts mit mir persönlich zu tun.
- Ich muss das nicht noch mal gedanklich durchkauen.
- Es gibt wesentlich schlimmere Ereignisse im Leben.
- Ich muss mich nicht um alles kümmern.
- Ich bin nicht verantwortlich für die Probleme anderer Menschen.
- Ich nehme die Herausforderung an.
- Und schon wieder habe ich etwas für mein Leben gelernt.
- Ich gebe nicht auf.
- Ich benehme mich wie ein erwachsener Mensch.
- Ich muss nicht alle Menschen mögen.
- Das nächste Mal mache ich es besser.
- Ich stelle mir vor, dass alles gut verläuft.
- Ich muss nicht immer das tun, was andere von mir wollen.
- Ich muss nicht immer perfekt sein.
- Kritik kann mir helfen, es anders zu machen.
- Ich darf nicht der Diktatur des Wollens und Müssens verfallen.
- Ich muss nicht immer stark sein.
- Morgen sieht schon wieder alles anders aus.
- Ich muss mich nicht ständig rechtfertigen.
- Ich muss mich nicht demütigen und beleidigen lassen.

Zehn goldene Tipps für (angehende) Lehrer

Tipp 1: Machen Sie guten Unterricht!

Engagieren Sie sich für schülergerechten und zeitgemäßen Unterricht. Unterrichten ist unsere Hauptarbeit. Hier kann man am meisten Energie gewinnen, aber auch verlieren. Setzen Sie viel Gespür und Sensibilität im Umgang mit den Schülern ein. Vermeiden Sie mittelmäßige Arbeit. Die Schüler reagieren auf mittelmäßige Arbeit mit Mittelmäßigkeit und der entscheidende Funke wird nicht überspringen.

Tipp 2: Deregulieren Sie Ihr Lehrerbild!

Die Deregulation beginnt im eigenen Kopf. Werfen Sie die kreativitätshemmenden Fesseln ab, die Ihnen die eigene und die schulische Erfahrung angelegt haben. Halten Sie nicht hartnäckig an veralteten Inhalten, Methoden und Regeln fest. Schüler von heute wollen und benötigen andere Wissensvermittlungsformen, als wir sie meist selbst erlebt und erfahren haben.

Tipp 3: Setzen Sie auf Teamwork!

Bauen Sie sich ein professionelles Netzwerk mit Kontakten zu den besten Lehrern innerhalb und außerhalb der Schule auf. Das geht heute mithilfe der Neuen Technologien sehr leicht. Brüten Sie nicht ausschließlich alleine über innovativen Unterrichtsideen. Viele Ideen wurden oft schon von kreativen und querdenkenden Lehrern entwickelt. Nützen Sie diese Vorarbeiten und Ressourcen. Kommunizieren Sie!

Tipp 4: Halten Sie sich auf dem Laufenden!

Nehmen Sie die Angebote zur Fortbildung wahr. Seien Sie Experte in Ihrem Fach. Lehrer, die schülerrelevante Inhalte mit methodischem Geschick vermitteln, erreichen bei den Schülern eben mehr Aufmerksamkeit. Sie können die Schüler besser motivieren. Schulen Sie sich in Kommunikations- und Moderationstheorie und -techniken. Lehrer, die gut kommunizieren können, haben es leichter.

Tipp 5: Betreiben Sie vernünftiges Zeit- und Arbeitsmanagement!

Reduzieren Sie unnötige und über das normale Maß hinausgehende Arbeiten, wie das Herstellen von aufwendigen Lehr- und Lernmaterialien oder Marathonkorrekturen. In diesen Bereichen kann oft rationalisiert werden. Es gibt gute Ideen, wie man sich besser und effektiver organisieren kann. [...]

Tipp 6: Bleiben Sie kritisch gegenüber Inspektoren, Direktoren und Innovationsgurus!

Hören Sie sich die Ideen an. Lehnen Sie sie nicht von vornherein ab. Machen Sie sich schlau und bedenken Sie, es gibt keine pädagogischen Heilslehren. Jede dieser Lehren hat ihre Stärken. In welchem Ausmaß, in welcher Art die Umsetzung geschieht, hängt entscheidend von der Persönlichkeit der Lehrperson und vom Schultyp und -umfeld ab. [...]

Tipp 7: Machen Sie sich auf einem Teilgebiet für die Schule unentbehrlich!

Engagieren Sie sich auf einem schulischen Teilgebiet. Hier können Sie Ihre persönlichen Talente und Fähigkeiten unter Beweis stellen. Man kann heute – aufgrund der Vielfalt der pädagogischen Entwicklungen – nicht mehr auf allen Gebieten „up to date" sein. Wenn man sich aber auf einem Sektor spezialisiert, dann schafft das persönliche Sicherheit und entlastet auf anderen Gebieten, wo dann jemand anderer der „Guru" ist, z. B. Schulfesteorganisierer, Kunstexperte, Fotograf, Theaterspieler, Chorleiter, Informatiker, Bibliothekar, Öffentlichkeitsarbeiter, Geldauftreiber, Elternvermittler etc.

Tipp 8: Analysieren Sie die Arbeitsweise Ihres Chefs!

Wie arbeitet er, wie organisiert er? Ist er ein Visionär oder besitzt er auch die Fähigkeit, Ideen und Konzepte an der Schule praktisch umzusetzen? Überlegen Sie genau, wofür und wie viel Zeit und Energie Sie für Schulentwicklungsprojekte investieren. Der Aufwand kann zur eigenen Professionalisierung genützt werden. Vergeuden Sie Ihre Zeit nicht mit Pseudoideen und unprofessionellen Leitern, es wird nichts herausschauen außer Papier und Absichtserklärungen.

Tipp 9: Behalten Sie Ihren Humor und meiden Sie Energievampire!

Humor und Geduld sind in der Schule unverzichtbar. Ohne Spaß, ohne Freude am Unterrichten, ohne Herzblut werden Ihnen die energievollsten Erlebnisse des Lehrens und Lernens mit Ihren Schülern verborgen bleiben. Und noch etwas: Identifizieren Sie die Energievampire! Das sind Kollegen, die an jeder Idee etwas auszusetzen haben. Ziehen Sie klare Grenzen und teilen Sie diese auch mit.

Tipp 10: Denken Sie öfters an den Film „Der Club der toten Dichter"!

Lassen Sie Ihre Schüler ab und zu auf den Tisch steigen, um andere Sichtweisen hautnah erleben zu können. Ermöglichen Sie unkonventionelle Unterrichtssituationen. Schüler lieben das und sie werden es Ihnen danken.

Der emotionale Airbag

Der Arzt und Kabarettist Dr. Eckart von Hirschhausen ist der Gründer der bundesweiten Stiftung „HUMOR HILFT HEILEN". Frei nach dem Motto „Ärger, den man nicht gehabt hat, hat man nicht gehabt!" gibt er eine heilsame Anleitung zum „emotionalen Airbag". Einziges Requisit, das man dazu benötigt, ist eine rote Nase zum Aufsetzen.

Stellen Sie sich vor, Sie bewegen sich gestresst durch die Schulflure. Die letzte Klasse noch im Kopf, den Ärger in der kommenden bereits spürbar. Sie betreten die Klasse und stehen kurz vor der Explosion.
Doch hier müssen Sie nicht verzagen. Sie haben Ihren kleinen Helfer griffbereit in der Tasche und greifen zu.
Zunächst sagen Sie sich leise Ihr bekanntes Mantra auf: „Ich bin ganz ruhig und rege mich nicht auf!"
Und dann setzen Sie sie in Gedanken mitten ins Gesicht, die rote Nase.
Und es ist Ihnen in diesem Moment total egal, wie Sie aussehen und was die anderen über Sie sagen. Sie fühlen sich wohl und genießen den Augenblick.
Nehmen Sie die rote Nase wieder ab, wenn Ihnen danach ist, und beginnen Sie mit dem Unterricht.

Viel Spaß!

Grundhaltungen in Konfliktsituationen

- Bleiben Sie authentisch!
- Nehmen Sie nicht alles persönlich!
- Nennen Sie die Konflikte beim Namen!
- Bleiben Sie sachlich und ruhig!
- Ist der Konflikt bedeutsam?
- Verstehen Sie Spaß!
- Überprüfen Sie Ihre Stimmlage!
- Bleiben Sie gelassen!
- Beobachten und analysieren Sie die Situation!
- Suchen Sie kompetente Helfer!
- Setzen Sie Grenzen!
- Seien Sie konsequent!
- Nutzen Sie Nähe und Distanz!
- Machen Sie keinen Druck!
- Reflektieren Sie das eigene Verhalten!
- Achten Sie auf die eigenen Emotionen!
- Nehmen Sie die Konfliktsituation als Herausforderung an!

Freiburger Studie (2008): Was Lehrer krank macht

Größte Belastung: Pöbelnde und provozierende Schüler und unzufriedene und aggressive Eltern

Mediziner der Freiburger Universitätsklinik befragten knapp 1 000 südbadische Lehrkräfte. Dabei wurde deutlich, dass deutsche Lehrer einen Stressberuf ausüben, von dem – im Vergleich zu anderen Berufen – besondere gesundheitliche Belastungen ausgehen.

Faktoren, die schulische Lehrkräfte krank machen:
Offene Feindseligkeit, schwere Beleidigungen und Aggressivität, denen Lehrkräfte im Klassenzimmer von Schülerseite ausgesetzt sind, erwiesen sich als die bei Weitem stärksten die Lehrergesundheit belastenden Einzelfaktoren. Auch von Elternseite erlebte Aggressivität und Unzufriedenheit hatte einen signifikanten negativen Einfluss.

Faktoren, die einen positiven Einfluss auf die Lehrergesundheit haben:
Positive Rückmeldungen von Schülern oder Eltern, aber auch die gegenseitige Unterstützung, die sich Lehrkräfte innerhalb des Kollegiums einer Schule geben. Vor allem weibliche Lehrkräfte bleiben gesund, wenn das kollegiale Klima gut ist. Männliche Lehrkräfte profitieren vor allem davon, dass sie vonseiten ihrer Schulleitung Unterstützung erleben.

Wenn ich stehe ...

Ein in der Meditation erfahrener Mann wurde einmal gefragt, warum er trotz seiner vielen Beschäftigungen immer so ausgeglichen sei.

Dieser sagte:
„Wenn ich stehe, dann stehe ich.
Wenn ich gehe, dann gehe ich.
Wenn ich sitze, dann sitze ich.
Wenn ich esse, dann esse ich.
Wenn ich spreche, dann spreche ich ..."

Da fielen ihm die Fragesteller ins Wort und sagten:
„Das tun wir auch. Aber was machst du noch darüber hinaus?"

Er sagte wiederum:
„Wenn ich stehe, dann stehe ich.
Wenn ich gehe, dann gehe ich.
Wenn ich sitze, dann sitze ich.
Wenn ich esse, dann esse ich.
Wenn ich spreche, dann spreche ich ..."

Wieder sagten die Leute: „Das tun wir auch."

Er aber sagte zu ihnen:
„Nein! Wenn ihr sitzt, dann steht ihr schon,
wenn ihr steht, dann lauft ihr schon,
wenn ihr lauft, dann seid ihr schon am Ziel."

Zum Nachdenken

Wann haben Sie das letzte Mal so richtig gelacht und sich des Lebens gefreut?

Oder sind Sie eher ein Miesepeter und Pessimist, der sich über alles ärgert und überall schwarzsieht?

Vielleicht ist Ihnen aber auch alles gleichgültig und Sie leben einfach so in den Tag hinein?

Denken Sie einmal darüber nach.

Ich kann schon ganz gut ...

Ich möchte eigentlich etwas mehr ...
Was ich noch gar nicht kann ...

- offen sein
- selbstsicher auftreten
- aufmerksam zuhören
- andere ausreden lassen
- Abmachungen konsequenter einhalten
- Fehler zugeben
- Interessen von anderen berücksichtigen
- auch andere Meinungen anerkennen
- meinen Standpunkt vertreten
- Geduld aufbringen
- fröhlich sein
- zu anderen Kontakt aufnehmen
- mich wehren
- Kritik vertragen
- traurig sein
- anderen Vertrauen entgegenbringen
- auch Ängste zugeben
- anderen meine Zuneigung zeigen
- mir selbst gegenüber ehrlich sein
- mutig sein

Das „Gebet" von Baltimore

Gehe ruhig und gelassen durch Lärm und Hektik. Denke daran: Frieden findest du in der Stille. Pflege gute Beziehungen zu deinen Mitmenschen, versuche, mit ihnen auszukommen, soweit es dir möglich ist, ohne dich selbst aufzugeben. Was du als wahr erkannt hast, sprich offen und ehrlich und in ruhigen, klaren Worten aus. Höre anderen zu, selbst wenn sie dir dumm, langweilig und unwissend erscheinen. Ihr Schicksal hat sie so geformt, wie sie sind. Gehe den Lauten und Streitsüchtigen aus dem Weg. Sie verdrießen nur deinen Sinn.

Wenn du dich mit anderen Menschen vergleichst, könntest du eingebildet oder verdrießlich werden. Du kannst sicher sein: Es wird immer Menschen geben, die bedeutender sind als du, und auch solche, die weniger können.

Genieße, was du erreicht hast. Begeistere dich für die Pläne, die du noch verwirklichen willst. Arbeite an deiner beruflichen Fortentwicklung und Entfaltung. Wie bescheiden deine Arbeit auch sein mag, ein guter Beruf ist eine unschätzbare Mitgift für alle Wechselfälle des Lebens. In geschäftlichen Angelegenheiten lasse Vorsicht walten, denn die Welt ist voller List. Aber das soll dich nicht blind dafür machen, dass es auch rechtschaffene Leute gibt. Viele Menschen streben nach höheren Zielen und überall im Leben gibt es Helden.

Sei du selbst. Heuchle weder Zuneigung, noch mache höhnische Bemerkungen über die Liebe. Ungeachtet der alltäglichen Trostlosigkeit und trotz vieler Enttäuschungen und mancher Verdrossenheit – die Liebe verdorrt nicht, sie wächst und wächst wie das Gras auf der Wiese.

Du wirst jeden Tag ein bisschen älter. Akzeptiere das dankbar. Und wenn es an der Zeit ist, lasse die Prioritäten der Jugend mit Würde hinter dir. Die Jugend hat ihre Zeit, das Alter hat seine Zeit. Erhalte dir die Schärfe deines Verstandes. Mit einem geschulten Geist bist du gefeit, wenn dich unerwartet ein Missgeschick trifft.

Belaste dich nicht mit finsterem Grübeln. Viele Ängste keimen vor allem dann auf, wenn du müde oder einsam bist. Praktiziere eine zuträgliche Selbstdisziplin, aber gehe behutsam mit dir um.

Genau wie die Bäume auf dem Feld und die Sterne am Himmel, so bist du ein Geschöpf des Universums. Dein Schöpfer hat es für gut befunden, dass du hier bist. Du hast deshalb ein Recht darauf. Ob du es verstehst oder nicht: Das Universum entwickelt sich ganz gewiss so, wie es sein Architekt geplant hat.

Lebe deshalb in Frieden mit Gott, was auch immer er dir bedeutet. Und was immer deine Bemühungen, Sehnsüchte und Ziele im lärmenden Wirrwarr des Lebens seien – strebe nach innerer Harmonie. Trotz aller Enttäuschungen, trotz aller Plackerei und trotz aller zerronnenen Träume – es ist eine schöne Welt.

Sei froh und heiter. Setze alles daran, glücklich zu sein.

Die Sprache des Körpers

Achten Sie auf die Sprache Ihres Körpers! Was sagt Ihr Körper über Sie und Ihr Leben aus? Ergänzen Sie die Liste!

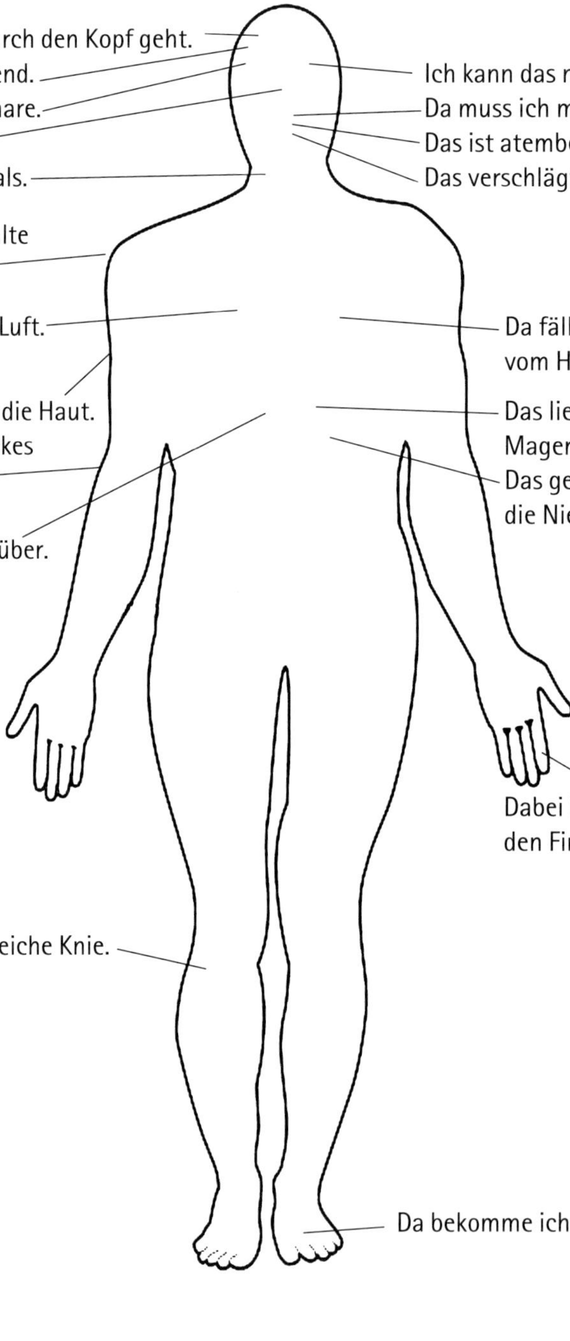

Miteinander reden

Großer Aufruhr im Wald. Es geht das Gerücht um, der Bär habe eine Todesliste.
Alle fragen sich, wer denn nun draufsteht.
Als Erster nimmt der Hirsch allen Mut zusammen, geht zum Bären und fragt ihn: „Sag mal Bär, steh ich auch auf deiner Liste?"
„Ja", sagt der Bär, „auch dein Name steht auf der Liste."
Voller Angst dreht sich der Hirsch um und geht. Und wirklich, nach zwei Tagen wird der Hirsch tot aufgefunden. Die Angst bei den Waldbewohnern steigt immer mehr und die Gerüchteküche um die Frage, wer denn nun auf der Liste stehe, brodelt.
Das Wildschwein ist der Nächste, dem der Geduldsfaden reißt und der den Bären aufsucht, um ihn zu fragen, ob er auch auf der Liste stehen würde.
„Ja", antwortet der Bär, „auch du stehst auf der Liste."
Verängstigt verabschiedet sich das Wildschwein vom Bären. Und auch es findet man nach zwei Tagen tot auf. Nun bricht Panik aus bei den Waldbewohnern.
Nur der Hase traut sich noch, den Bären aufzusuchen.
„Bär, steh ich auch auf der Liste?"
„Ja, auch du stehst auf der Liste."
„Kannst du mich da streichen?"
„Ja klar, kein Problem."

Merksatz: Probleme können oft unkompliziert gelöst werden, wenn man miteinander redet.

O Herr

O Herr,
bewahre mich vor der Einbildung,
bei jeder Gelegenheit etwas sagen zu müssen
und bei jedem Thema mitreden zu wollen.
Erlöse mich von der großen Leidenschaft,
anderer Leute Angelegenheiten ordnen zu wollen.
Lehre mich, nachdenklich, aber nicht grüblerisch,
und hilfreich, aber nicht diktatorisch zu sein.
Bei meinem ungeheuren Schatz an Erfahrung und Weisheit ist's
freilich ein Jammer, nicht jeden daran teilhaben zu lassen.
Aber du weißt, o Herr, dass ich mir ein paar Freunde erhalten möchte.
Bewahre mich vor der Neigung, endlose Einzelheiten aufzuzählen,
und verleihe mir Schwingen, zur Pointe zu kommen.
Ich will dich auch nicht um ein besseres Gedächtnis bitten,
nur um etwas mehr Demut und etwas weniger Selbstsicherheit,
wenn meine eigene Erinnerung nicht mit der anderer übereinstimmt.
Schenke mir die wunderbare Einsicht,
dass ich mich gelegentlich irren kann.
Erhalte mich so liebenswert wie möglich.
Hilf mir, einigermaßen milde zu bleiben. Ich habe nicht den Ehrgeiz,
ein Heiliger zu werden – mit ihnen lebt es sich so schwer –,
aber ein alter Griesgram ist das Krönungswerk des Teufels.
Mach mich teilnehmend, aber nicht sentimental,
hilfsbereit, aber nicht aufdringlich.
Lehre mich, an anderen Menschen unerwartete Talente zu entdecken,
wo ich es nicht vermutet hätte,
und verleihe mir die schöne Gabe, sie auch zu erwähnen.
Amen.

Hl. Theresa von Avila (1515 – 1582)

Überlebenskoffer

Aussehen

Anstand Aufrichtigkeit

Zivilcourage

Liebe

Zufriedenheit

Wissen

Ehrfurcht

Vertrauen

Ichstärke

Verlässlichkeit

Mut

Tüchtigkeit

Bescheidenheit Fleiß Fairness

Ordnung

Freundlichkeit Friedfertigkeit

Selbstbewusstsein

Stärke Neugier Mitgefühl

Perfektion

Für manche ist es ein langer Weg vom Studienbeginn bis zur zweiten Staatsprüfung. Packen Sie Ihren persönlichen Überlebenskoffer mit Werten, die Sie momentan und in Zukunft brauchen, um in Ihrem Beruf glücklich zu werden.

Elf Ratschläge, um unglücklich zu sein

1. Erwarte immer, dass andere dich glücklich machen, also versuch bloß nicht, selbst etwas dafür zu tun.
2. Gib anderen die Schuld für deine Probleme, und zwar nur ihnen.
3. Sei immer ernst, bloß kein Lächeln auf den Lippen zulassen.
4. Versuche, es immer allen recht zu machen, denn dann brauchst du dich auch nicht um dich selbst zu kümmern.
5. Sage niemals nein und hilf anderen, aber lasse dir bloß von niemandem helfen, das könnte ja als Schwäche ausgelegt werden.
6. Betrachte deine eigenen Bedürfnisse als unwichtig, denn sonst könntest du ja auf dumme Gedanken kommen.
7. Wenn dich jemand kritisiert, dann bausche die Kritik auf und weise sie zurück, denn du machst doch keine Fehler.
8. Behalte deine Empfindungen für dich, lasse ja niemanden deine Gefühle spüren, du bist doch kein Weichei.
9. Verändere dich nie. Denn das strengt ja nur an und so, wie du bist, hat ja bisher auch noch alles funktioniert.
10. Sei nie mit irgendetwas anderem zufrieden als mit der absoluten Perfektion.
11. Verbringe deine Zeit in der Vergangenheit oder in der Zukunft, nur nicht im Hier und Heute, denn sonst könntest du ja die guten alten Zeiten vergessen oder dir deine rosige Zukunft verbauen.

Zehn Gebote für gestresste Lehrer

1. Du sollst nicht versuchen, es jedem recht zu machen!
2. Du musst nicht perfekt sein!
3. Lasse anstehende Aufgaben einfach mal liegen!
4. Lasse dich nicht aufreiben!
5. Lerne, nein zu sagen!
6. Nimm dir Zeit für deine Familie und Freunde!
7. Du sollst regelmäßig abschalten und nichts tun!
8. Du sollst ab und zu langweilig, unelegant, ungepflegt und unattraktiv sein!
9. Du sollst dich deshalb nicht schuldig fühlen!
10. Du sollst aufhören, dich selbst zum ärgsten Feind zu haben!

Ursprünglich „Zehn Gebote für gestresste Priester" (Church of England, 2001)

Die Zeitlüge

Einer der Gründe, warum ich mich für den Lehrerberuf entschieden habe, ist die umfangreiche Freizeit, die ich für viele schöne Dinge des Lebens nutzen könnte. Doch das ist eine Lüge, was ich schon nach den ersten Wochen meines Referendariats erkennen musste. Genau das Gegenteil ist der Fall. Ich muss Nachtschichten einlegen, um meine Unterrichts- und Seminarvorbereitungen zufriedenstellend anfertigen zu können.
Schuld daran ist mein Vater. Er ist ebenfalls Lehrer. Ich habe ihn als Kind und Jugendlicher eigentlich immer nur zu Hause angetroffen. Ich war mehr unterwegs als er. Selten sah ich ihn bei irgendwelchen Vorbereitungen oder Korrekturen. Das prägte mein Lehrerbild über viele Jahre. Und mein Vater war ein zufriedener und ausgeglichener Mensch, der ausgiebig seine Hobbys pflegte.
Doch worin liegt sein Geheimnis? Was mache ich falsch? Alles in meinem Leben dreht sich seit Monaten nur um Unterrichtsvorbereitung, Studienseminar, Didaktik und Fachleiterdiskussionen. Vielleicht habe ich die falschen Fächer studiert oder einfach den falschen Beruf gewählt. Ich bin verzweifelt. Wer hilft mir?

Ein Referendar mit den Fächern Deutsch und Biologie an einem Gymnasium

Denkanstöße

- Ich gehe achtsam und respektvoll mit mir um.
- Ich richte den Blick auf das, was ich kann.
- Ich achte auf die Signale meines Körpers.
- Ich bin offen für Rückmeldungen.
- Ich arbeite an einer gesunden Konfliktkultur.
- Ich muss nicht alles machen und können.
- Ich erlaube mir Fehler.
- Ich setze positive Impulse im Kollegium.
- Ich akzeptiere meine Grenzen.
- Ich suche bewusst Zeiten der Ruhe und Entspannung.
- Ich akzeptiere die Meinung anderer.
- Ich kenne die Grenzen meiner Belastbarkeit.
- Ich kann auch „Nein!" sagen.
- Ich bewahre mir meinen Humor.
- Ich werde nicht zum Opfer der Zeit.
- Ich fühle mich wohl an meinem Arbeitsplatz.
- Ich bin nicht für alles verantwortlich.
- Ich kann mich über alles ärgern, bin aber nicht dazu verpflichtet.
- Ich nehme mich selbst nicht so wichtig.
- Ich vermeide unnötigen Ärger.
- Ich schaffe mir einen angenehmen Ausgleich zum Berufsalltag.
- Ich hole mir Rückmeldungen über mich und meine Arbeit.
- Ich lege Wert darauf, dass sich Schüler in meinem Unterricht wohlfühlen.
- Ich bemühe mich um ein gutes Schulklima.

Und was ist für Sie und Ihre Zufriedenheit wichtig?

Stressmanagement

Eine distanzierende, entlastende Interpretation von Ereignissen und ein Stress reduzierendes „Erstverhalten" werden einfacher, wenn bestimmte Kompetenzen zur Verfügung stehen. Dazu zählen z. B.

Problembesitz klären

Das Problem da lassen, wo es ist: Angehörige sozialer Berufe neigen dazu, sich Probleme anderer zu eigen zu machen und sich für die Lösung verantwortlich zu fühlen, statt anderen dabei zu helfen, ihr Problem selbst zu bearbeiten oder zu lösen.

Perspektive wechseln

Eine Situation in einen anderen Kontext stellen („Reframing"). Ereignisse lassen – insbesondere aus der Sicht des Gegenübers – meist auch eine andere Interpretation zu und damit andere Gefühle und Reaktionen.

Überblick behalten

Erst handeln, wenn der erste Impuls zu spontaner, vielleicht emotionaler oder unüberlegter Reaktion vorbei ist.

Systemisch denken

Die meisten Ereignisse sind komplizierter, als man im ersten Moment erfassen kann. Denken in „Entweder – oder" oder „Schwarz – weiß" oder „Wenn – dann" erzeugt Druck, führt zu Verengungen oder Scheinalternativen und verliert die Zusammenhänge aus dem Blick.

Innere Antreiber kontrollieren

Unsere – meist nicht bewussten – Lebensmaximen (z. B. „Ich muss es allen recht machen.") haben enormen Einfluss auf unsere Gedanken und Fantasien und bestimmen unser soziales Verhalten; sie machen auch sehr verletzlich. Wer jede Störung im Unterricht als pädagogische Herausforderung oder Bedrohung seiner Lehrerkompetenz interpretiert, macht sich das Leben noch schwerer.

Auf sich selbst vertrauen

Wer sich seiner sicher ist, sich auf seine Fähigkeiten verlassen kann, ist eher in der Lage, in potenziell Stress auslösenden Situationen souverän zu reagieren. Dazu bedarf es der ständigen persönlichen und professionellen Weiterentwicklung.

Unzumutbare Forderungen abwehren – nein sagen

Die eigenen Kräfte einschätzen und die Grenzen der Kompetenzen und Belastbarkeit abstecken zu können, schützt vor (Selbst-)Überforderung, die mit Belastung und Stress einhergeht. Niemand kann alle Erwartungen erfüllen.

Grenzen setzen

Man kann lernen, Grenzüberschreitungen von Personen, die die eigene körperliche und psychische Unversehrtheit bedrohen, verbal abzuwehren.

„Vierseitig" wahrnehmen und kommunizieren

Wer in jeder Äußerung vor allem auf die Beziehungsbotschaft hört, wer für Appelle übersensibel ist, wer seine eigenen Gefühle und Bedürfnisse nicht in Ich-Botschaften übersetzen kann, ist anfälliger für Stress. „Dumme Bemerkungen" können manchmal mehr über den „Sender" selbst aussagen, als sie an Appell oder Sachmitteilung enthalten.

Metakommunikation üben und anwenden

Oftmals ist es entlastend, auf eine Äußerung nicht direkt einzugehen, sondern auf eine andere kommunikative Ebene zu wechseln, z. B. dem Vorwurf: „Da haben Sie mal wieder ...!" mit der Reaktion: „Es ist immer erfrischend, wie direkt Sie Ihre Meinung sagen." zu begegnen. Auch aktives Zuhören oder Schlagfertigkeit können diese Wirkung haben und Situationen entspannen.

Positiv mit sich selbst sprechen

Positive, ermutigende Selbstgespräche, eine realistisch-optimistische Grundhaltung und Vertrauen in die Selbstwirksamkeit können Energie bringen. Wer sich hingegen durch destruktive Selbstgespräche selbst bemitleidet und „ins Leid redet" („Das schaffe ich nie!", „Warum ausgerechnet ich?"), erhöht sich selbst Belastung und Stress. Auch eine Wahrnehmung mit negativer Optik, die im Schweizer Käse nur die Löcher sieht und den Käse nicht beachtet, macht anfällig für Belastungs- und Stressempfinden.

Humor einsetzen

Humor kann Unvereinbarkeiten (Konflikte, Ambivalenzen, Unsicherheiten, Ängste und Widersprüche) spielerisch auf eine „Metaebene" bringen, verfremden und witzig auflösen – und manchmal kann Humor wieder ein wenig Lust herbeizaubern.

Sich selbst nicht so wichtig nehmen

Wenn Sie alle Bemerkungen, Andeutungen, Verhaltensweisen von Kollegen auf sich beziehen und gleichzeitig peinlich darauf achten, dass keine – auch humorvollen – negativen Äußerungen gegen oder über Sie gemacht werden, haben Sie an vielen Fronten zu kämpfen.

Ereignisse zeitlich und mental vorplanen

Zu erwartende schwierige Situationen lassen sich mental vorher durchspielen und reflektieren, sodass der Überraschungseffekt verringert wird und die eigenen Reaktionen kalkuliert und gezielt erfolgen können. (Wenn NN wieder das tut / sagt, dann ...)

Manchmal hilft auch **visuelles und auditives Abschalten**, um sich nicht in Belastung und Stress zu bringen.

Achtung: Bei allen diesen Stressfiltern kommt es auf die Intensität an. Zu sehr und zu wenig eingesetzt wirken sie eher schädigend.

Ein Lächeln

Es gibt die unterschiedlichsten Arten des Lachens: ein ansteckendes, verstecktes, volles, freundliches, schüchternes, dummes, verschmitztes, krankhaftes, spöttisches, überlautes, sonniges, hämisches, frohes, mitreißendes, gequältes, gezwungenes, befreiendes, albernes, überlegenes, ... LACHEN.
Mediziner und Psychologen wissen, dass Menschen, die viel lachen, oft besser und auch länger leben. Lachen ist ein wirksames Stärkungsmittel. Es stärkt die Atmung, den Sauerstoffaustausch, die Muskelaktivität und führt zu einer vermehrten Ausschüttung des aufputschenden Hormons Adrenalin. Also: Lachen ist gesund. Lachen ist Medizin.
Lachen hat auch viel mit unserer Stimmung und Gemütslage zu tun. So erhöht eine positive Einstellung, die sich im Lachen ausdrückt, auch die Kreativität des Menschen. Denn unsere Stimmungen haben Einfluss auf unser Denken und Tun.
Sicher – oft genug bleibt uns auch das Lachen im Hals stecken. Und sicher ließe sich ein dickes Buch mit Strafarbeiten von Schülern schreiben, die im falschen Moment lachten oder kicherten. Und wie viele Ohrfeigen wurden schon verteilt mit der Begründung: „Darüber lacht man nicht!"
Aber eines steht fest: Ein echtes Lachen wirkt befreiend und lässt mich so manchen Ärger vergessen.
Es muss jedoch nicht immer das laute und schallende Lachen sein. Denn das Lachen hat noch eine kleine Schwester – das LÄCHELN.
Unser Gesicht ist so etwas wie der Spiegel unserer Seele, in ihm drücken sich Freude und Leid, Frust und Zuversicht aus. Ein Lächeln kann Menschen verändern und aufbauen. Ein Lächeln kann Wunder wirken. Die folgenden Zeilen las ich an der Warenausgabe eines großen Geschäftshauses:

Ein Lächeln –
Es kostet nichts und bringt viel ein.
Es bereichert den Empfänger, ohne den Geber ärmer zu machen.
Keiner ist so reich, dass er darauf verzichten könnte.
Man kann es weder kaufen noch erbitten,
noch leihen oder stehlen,
denn es hat erst dann einen Wert,
wenn es verschenkt wird.
Denn niemand braucht es so bitternötig – ein Lächeln –
wie derjenige, der für andere keines mehr übrig hat.

Wann haben Sie das letzte Mal gelächelt? Lächeln Sie mal wieder! Denn es hat eine ungeahnte Wirkung auf Sie und Ihre Mitmenschen.

Auch eines sollten Sie bedenken: Eine Unterrichtsstunde, in der nicht gelacht wurde, war keine gute Stunde.

Wie man menschliches Leben zum Blühen bringt

Anleitung zur Selbstverwirklichung eines Menschen

Auf drei Dinge kommt es im Leben besonders an:
MENSCH zu werden,
MENSCH zu sein
und MENSCH zu bleiben.

Dazu braucht ein Mensch unbedingt:

- eine gehörige Portion LIEBE,
- ein unglaubliches Maß an GEBORGENHEIT,
- großes VERTRAUEN,
- eine Menge MUT,
- sehr viel ZÄRTLICHKEIT,
- eine Vielzahl unterschiedlicher ERFAHRUNGEN,
- eine Reihe sympathischer MITMENSCHEN,
- eine unbeirrbare HOFFNUNG,
- eine Riesen-FREIHEIT,
- eine unverschämte KONFLIKTFÄHIGKEIT,
- eine angenehme GESELLSCHAFT,
- volle ZUFRIEDENHEIT,
- ausreichend SCHWIERIGKEITEN,
- eine genügende Anzahl besonderer ERLEBNISSE,
- einen ertragreichen LEBENSSINN,
- ein paar dicke FREUNDE.

Weitere Zutaten, die das Leben schmackhaft machen:

- ein fundiertes Wissen und eine eigene Meinung
- viel Zeit für sich selbst und noch mehr Zeit für andere
- einen interessanten Beruf und nicht zu viel Arbeit
- eine gemütliche Frau (oder einen herzhaften Mann) und eine Handvoll Kinder (weniger tun's auch!)
- eine Prise Narzissmus und Egoismus
- einige Tugenden, aber auch Laster und für den Notfall ein Trostpflaster

Die wichtigen Dinge des Lebens

Eines Tages hält ein Zeitmanagementexperte einen Vortrag vor einer Gruppe Studenten, die Wirtschaft studieren. Er möchte ihnen einen wichtigen Punkt vermitteln mithilfe einer Vorstellung, die sie nicht vergessen sollen. Als er vor der Gruppe dieser qualifizierten angehenden Wirtschaftsbosse steht, sagt er: „Okay, Zeit für ein Rätsel."

Er nimmt einen leeren 5-Liter-Wasserkrug mit einer sehr großen Öffnung und stellt ihn auf den Tisch vor sich. Dann legt er ca. zwölf faustgroße Steine vorsichtig einzeln in den Wasserkrug. Als er den Wasserkrug mit den Steinen bis oben gefüllt hat und kein Platz mehr für einen weiteren Stein ist, fragt er, ob der Krug jetzt voll ist. Alle sagen: „Ja." Er fragt: „Wirklich?" Er greift unter den Tisch und holt einen Eimer mit Kieselsteinen hervor. Einige hiervon kippt er in den Wasserkrug und schüttelt diesen, sodass sich die Kieselsteine in die Lücken zwischen den großen Steinen setzen. Er fragt die Gruppe erneut: „Ist der Krug nun voll?" Jetzt hat die Klasse ihn verstanden und einer antwortet: „Wahrscheinlich nicht!"„Gut", antwortet er.

Er greift wieder unter den Tisch und bringt einen Eimer voller Sand hervor. Er schüttet den Sand in den Krug und wiederum sucht sich der Sand den Weg in die Lücken zwischen den großen Steinen und den Kieselsteinen. Anschließend fragt er: „Ist der Krug jetzt voll?" „Nein", ruft die Klasse. Nochmals sagt er: „Gut!"

Dann nimmt er einen mit Wasser gefüllten Krug und gießt das Wasser in den anderen Krug bis zum Rand. Nun schaut er die Klasse an und fragt sie: „Was ist der Sinn meiner Vorstellung?" Ein Angeber hebt seine Hand und sagt: „Es bedeutet, egal wie voll auch dein Terminkalender ist, wenn du es wirklich versuchst, kannst du noch einen Termin dazwischenschieben."

„Nein", antwortet der Dozent, „das ist nicht der Punkt. Die Moral dieser Vorstellung ist: Wenn du nicht zuerst mit den großen Steinen den Krug füllst, kannst du sie später nicht mehr hineinsetzen. Was sind die großen Steine in eurem Leben? Eure Kinder, Personen, die ihr liebt, eure Ausbildung, eure Träume, würdige Anlässe, Lehren und Führen von anderen, Dinge zu tun, die ihr liebt, Zeit für euch selbst, eure Gesundheit, eure Lebenspartner. Denkt immer daran, die großen Steine ZUERST in euer Leben zu bringen, sonst bekommt ihr sie nicht alle unter. Wenn ihr zuerst mit den unwichtigen Dingen beginnt, dann füllt ihr euer Leben mit kleinen Dingen voll und beschäftigt euch mit Sachen, die keinen Wert haben und ihr werdet nie die wertvolle Zeit für große und wichtige Dinge haben."

Heute Abend oder morgen früh, wenn du über diese kleine Geschichte nachdenkst, stelle dir folgende Frage: „Was sind die großen Steine in meinem Leben?" Wenn du sie kennst, dann fülle deinen Wasserkrug zuerst damit.

Quelle unbekannt

Interessante Links für Referendare

www.forrefs.de
www.auer-verlag.de/go/referendar
www.4teachers.de
www.lehrerfreund.de
www.teachernews.de
www.lehrerforen.de
www.autenrieths.de
http://bildungsklick.de
http://lehrerrundmail.de
http://www.zum.de
http://www.zaubereinmaleins.de

Lehrer-Blogs:

www.herr-rau.de
www.schwellenpaedagogik.de
http://www.kreidefressen.de
http://appendix-blog.de
http://www.drossmann.de
http://mandree.de
http://widerspiegel.wordpress.com
http://teacher.twoday.net
http://markusmaerkl.wordpress.com

Quellenverzeichnis

S. 16: Der Beruf des Lehrers gehört zu den schönsten Berufen der Welt!: http://www.schule-gestalten.de, https://www.punkt-genau-seminare.de [Stand: 12.2.2016]

S. 23: Typische Lehrersprüche: http://www.stupidedia.org/stupi/Lehrer [Stand: 12.2.2016]

S. 25/26: Erinnerungen an die eigene Schulzeit: Hebbel, Friedrich: Meine Kindheit. Berlin 1988
Erich Kästner: Als ich ein kleiner Junge war © Atrium Verlag AG, Zürich 1957 und Thomas Kästner

S. 35: Sonderbare Vögel: „Unter Pinguinen"/ BJ Gallagher/Warren H. Schmidt, Redline Verlag, Münchner Verlagsgruppe GmbH

S. 38: Anforderungen an Führungskräfte: Aus den Regeln des Heiligen Benedikt (480–547), gekürzte Fassung

S. 42: Was wir in der Schule lernen: Key, Ellen: Das Jahrhundert des Kindes. Berlin 1905, S. 221 f.

S. 44: Appell eines „Problemschülers" an seine Lehrkräfte: Heckner, Thomas © Dr. Thomas Heckner

S. 50: Ein Lehrer ist niemals allein: http://frlkrise.wordpress.com/2010/06/08/ein-lehrer-ist-niemals-allein/ [Stand: 4.4.2012]

S. 59: Der „Kanon": Leuchtenberger, Gottlieb: Kanon pädagogischer und didaktischer Grundregeln für Kandidaten und jüngere Lehrer (leicht verändert)

S. 60: Die Schule der Tiere, aus: Soremba, Edith-Maria: Legasthenie muss kein Schicksal sein. Was Eltern tun können, um ihren Kindern zu helfen.

S. 86: Die vier Säulen der Gesundheit: aus: Arthur Thömmes: Glücksspuren 82 Arbeitsblätter für den Religionsunterricht, Deutscher Katecheten-Verein, München 2011.

S. 93: Willst du ein guter Lehrer sein, dann schau auch in dich selbst hinein: Nach Rogers, Carl

S. 94: Überlebensstrategien: www.referendar.de/forum/viewtopic.php?p=60216 [Stand: 4.4.2012]

S. 98: Silvia Hiebler: Zehn goldene Tipps für (angehende) Lehrer: Silvia Hiebler, Career Counseling for Teachers (www.cct-germany.de)

S. 108: Zehn Gebote für gestresste Lehrer: Ursprünglich „Zehn Gebote für gestresste Priester", Church of England 2001

S. 110: aus: Helmut Heyse: Herausforderung Lehrergesundheit © 2011 Kallmeyer in Verbindung mit Klett / Friedrich Verlag GmbH, Seelze